スノーデン・ショック

SURVEILLANCE AFTER
SNOWDEN

DAVID LYON

民主主義にひそむ
監視の脅威

デイヴィッド・ライアン

田島泰彦／大塚一美／新津久美子……訳

岩波書店

SURVEILLANCE AFTER SNOWDEN
1st Edition
by David Lyon

First published 2015 by Polity Press Ltd, Cambridge.

This Japanese edition published 2016
by Iwanami Shoten, Publishers, Tokyo
by arrangement with
Polity Press Ltd, Cambridge
through The English Agency (Japan) Ltd., Tokyo.

日本語版序文

エドワード・スノーデンは、アメリカ国家安全保障局(NSA)が敵国政府の活動だけでなく、自国の市民や同盟国をもスパイしていると世界に暴露した。二〇一三年においては当初、アメリカ国内の「スパイ・スキャンダル」に焦点が当てられたが、それから数カ月の間にNSAの活動はその範囲の点でグローバルなものであることが明白になった。NSAの活動は政府高官への調査に限られておらず、企業や、現にとりわけドイツやブラジルのような多くの国々の一般市民をも巻き込んでいた。ドイツやブラジルは日本同様、アメリカの同盟国である。

二〇一五年の暑い夏、今度はウィキリークスを通して、NSAはさらに「東京を標的にしている」[*1]とのさらなる暴露がなされた。報告によれば、これは少なくとも二〇〇六年から何年にもわたって行われてきた。秘密裡に標的にされたのは内閣や三菱のような会社であり、他に傍受対象とされたのは、日米関係、貿易交渉、数カ月後のパリ会談を控え高度にデリケートな気候変動戦略に関連するものである。政府、日本銀行、企業の重要な役人・役員の自宅電話番号もまた相当数含まれていた。

関与しているのはNSAだけではない。「機密」の傍受を伝える諸報告は、NSAの提携機関——オーストラリア、カナダ、イギリス、ニュージーランドのファイブアイズ(UKUSA協定下の五諜報機関)——にも流されていた。こうして、アメリカ以外の四カ国のNSA提携機関もまた、農産物の輸入と貿易交渉、技術開発計画、気候変動政策、原子力とエネルギー政策、炭素排出計画などに関する詳細な情報を入手していた。そうした情報には、アメリカや欧州との外交関係の処理の仕方や、安倍晋三の公邸でなされた首相のブリーフィングの詳細まで含まれていた。

アメリカもまたNSAを通して日本の一般市民にアクセスしたのだろうか。それはいまだ明らかになっていないことだ。そういうことがあっても驚かないだろう。なぜならば、これが実際ドイツとブラジルの場合に起こったことだからである。両国では、国家首脳だけでなく市民もNSAの監視にショックを受けた。しかし、明々白々なのは、NSAがとてつもなく広い捕捉範囲をもつこと、提携機関と一緒にグローバルな監視に従事し、大臣や最高経営責任者のような特定の標的だけでなく、幅広く住民全体に接触し、ある種の非常にデリケートな情報を記録する、絶大な能力を持っていることである。

本書は監視に関するものだが、とりわけ、世界中で相互に連携している巨大な機関によって遂行されているグローバルな大量監視について我々が今知っていることについてのものである。「真実の語り手」あるいは内部告発者としてのエドワード・スノーデンの役割は大変重要であるとはいえ、本書は彼については多くを語らない。彼が注意喚起したのは、自分自身のことではなく、NSAおよび下請契約業者のために働いていたとき彼が発見したまさに憂慮すべき事実である。スノーデンは、二〇〇九年からその後の期間、NSAと契約していたデル株式会社のために東京（横田空軍基地）で働いていたとき、中国のハッカーからデータネットワークをどのように保護すべきかについて役人や将校に教えた。[*2] 当時、NSAが行っていることについて彼はますます心配になってきていた。結局、彼が行ったことは主要ニュースになった。彼は、NSAから複写した多分に暴露的な秘密文書を公表した。

スノーデンがNSAのファイルを複写し、その後、彼が選んだジャーナリストたちを通してそれを公衆に公表して以来、今日実施されている監視の実態について我々は今やより多くのことを知っている。我々はもはや憶測や推測をする必要はない。世界の注目を引くために彼がもち出した文書から——完全とはいえないかもしれないが——詳細は明らかだ。後に見るように、監視は今、情報を創出する新たな方法、とりわけ、いわゆる「ビッグデータ」からの情報創出の方法に依存している。監視はまた、連携をとる政府と企業の体制にも依存している。そしてさらに、監視はほとんどあらゆる人を巻き込んでいる。今日ではほとんどの人々がインターネット、携帯電話、ソーシャルメディアを利用している。監視されているのは我々のそれらの利用であるから、常に承知の上でというわけではないかもしれないが、我々はデータに積極的に寄与しているのである。

今回のことから学べる教訓は多く、私は本書でその何がしかを説明したい。主たる教訓は、我々の企業と政府の両方が一緒になって、我々に関する詳細な情報を創出しているということ、さらに、我々が携帯電話やインターネットを利用することを通して、我々もまたそれに連座しているということだ。我々がかける電話、我々が買うもの、我々がする旅行、我々がツイートし、ポストするイベント、我々が「好む」絵画など、我々の日常生活上のあらゆる些細な事柄は、さまざまな機関による調査にさらされている。そうした機関は我々についてますます多くを知る一方、我々がそうした機関について知り得ることは少なくなるばかりだ。このことは民主主義にとって、もしくは人権にとって健全ではない。これは市民権に対する挑戦であり、より広く言えば、人類の繁栄に対する挑戦である。

自らの管理および業務活動の一部として日常的にNSAとその提携機関が行っていることを知って何百

万人もの人々が憤激したが、それももっともなことだ。我々が道義的にぞっとした気持ちになるのも当然であり、スノーデン自身ももはや我慢できなくなってそういう気持ちになった。さらに、我々は声をあげるべきだ。しかし、本書はまたスノーデンの態度やアプローチから我々は学ぶべきであるとも主張している。以前は「政府のために働いたが、今は公衆のために働いている」とスノーデンは述べている。すなわち、彼は共通の善が至高のものであると考え、次のように言っている。我々は監視組織の説明責任と透明性を求めるべきであるだけでなく、どのような社会を望むのかについて自問すべきでもある、と。それは、ただ単に「私のプライバシー」あるいは「私の権利」の問題というだけではない。それは、将来に関するどのような公共的ヴィジョンが我々の希望や行動を導くのかという問題でもある。

ＮＳＡの「標的は東京」に関する漏えいの一か月後、バラク・オバマ大統領は安倍晋三首相に電話し、ＮＳＡの日本でのスパイ行為についてのニュースがもたらした騒ぎをめぐり、「遺憾」の意を示した。*3 いったいその「遺憾」の念は、監視に対してだったのか、あるいはまた監視に関する情報の漏えいに対してだったのか。不幸なことに、この種の大量監視は今日では「通常業務」の一部となっている。エドワード・スノーデンは、その後に続くべき、真実究明の例を示した。彼はあらゆる危険を冒して、いま起こっていることを人々に知らせた。本書もまた変革をもたらすために我々に何ができるかを示唆している。

カナダ・キングストンにて、二〇一六年一月記す

デイヴィッド・ライアン

序　文

これは、エドワード・スノーデンの暴露が見事に照らし出した監視についての本である。アメリカ国家安全保障局（NSA）から持ち出された文書を彼が公表し始めてから、我々はグローバルな規模での大量監視について多くのことを知ることになった。目に見えない形で広がり、そこでは一般市民からの膨大な量の個人情報をデータ網に捕捉しているのだ。各国政府は競い合うかのように、彼の暴露に折り合いをつけるべく、あるときには過酷な政治対応をちらつかせ、またあるときには問題の核心から注意をそらし、ないし、思い違いからの行動かさらにひどいものだとしてスノーデンを撥ねつけたりした。

スノーデンの関心事は監視にあり、それは古くからある一連の活動ではあるが、現代では一際目を引く権力手段である。政府、企業、警察、さらにはいかなる種類の組織も、意図的か否かにかかわらず、よかれあしかれ監視を活用している。監視は、我々の文化の本流にも隅々にもあまりに深く浸透してきたので、しばしば疑問の余地なき必要なものとみられている。

スノーデンの暴露は、セキュリティ機関と諜報機関によって遂行された明らかに高度な監視についてのものではあるが、多くの状況下でこうした監視への依存がなされていることを反映するものでもある。監視は最先端技術を駆使して権力の最上部で行われるが、オンラインメディアや携帯電話のような通信機器を利用して我々が行うありふれた日常のコミュニケーションや情報交換に依存しているのである。ツイートやポストでの短いメッセージが、監視に関する少し前の小説家や解説者には想像できなかったような形で国際的な安全保障と結びついている。

ある人たちはスノーデンを内部告発者として讃えている。アメリカでは二〇一三年一〇月、NSA、CIA、FBI、司法省の元安全保障当局者たちが彼の業績にサム・アダムス賞を授与している。彼はまた二〇一三年ドイツ内部告発者賞と、スウェーデンのもう一つのノーベル賞とも言われる二〇一四年ライト・ライブリフッド栄誉賞も受賞した。スノーデンは九・一一後の世界における大量監視に反対して声をあげた勇気ある「問題の人物」[*1]としてどこでも一躍有名になった。世界中の人々が今やいまだかつてない程に、監視に警戒している。[*2]

しかしながら、テロリストの攻撃がしばしばニュースとなるや――二〇一三年ボストン・マラソンでの爆発ないし、二〇一五年における風刺雑誌シャルリ・エブドのスタッフに対するパリでの攻撃を思い浮かべるとよいが――、政府の反射的な行動が執拗なメディアによる増幅も与って、より多くの監視、より多くの安全保障を要求する。そうしたひどい流血を防ぐために緊急の行動が重要である一方、スノーデンがNSAについて暴露した類の大量監視は有効に働かないだけでなく、一般市民にとって多大な危険をもたらすということを本書は明らかにする。つまり、激しい攻撃の時こそ、スノーデンに耳を傾けることの重要度は上がりこそすれ、下がりはしないのだ。

本書は応答の一種である。スノーデンの暴露を背景の中に位置づけるねらいがある。我々の一見取るに足りないちょっとした日常の仕事や習慣および我々のまさに人生の好機そのものがいかに監視の影響を受けるのかを、本書で示したい。自分の帰属する集団が少数派である場合、またはある理由から特別な取扱いを要すると既に選別されている場合にはとりわけ、そうだ。そして、民主的な社会の中で自由に生活する我々の力が監視により、いかに増したり制限されたりしているかをも浮き彫りにしたい。したがって、実態を知ることが——監視とは何であり、誰がなぜ監視を行っているのか、および我々の生活をどう変えるのか——極めて大切である。研究成果は公衆に知らされ、利用可能なものであるべきこと、および、そうした成果がどこに由来し、どのような種類の価値を擁護しているかに関しても詳らかにする必要性を、私は研究者として強く信じている。

そこで、この点を明らかにしておきたい。監視は確かに分析上の問題を提示しているが、しかしまた政治問題や倫理問題をも提示している。分析面では、研究課題は巨大である。なぜなら、前向きとはいえないやり方で監視を歪めているグローバルな権力連合に関わるからだ。インターネットはこれが行われる、それ自体重要な舞台である。しかし、ただただ問題の範囲が広すぎることを、絶望、撤退、独り善がりの口実にしてはならない。人間はなお、一緒に協力して活動する場合には特に、変化をもたらしうる積極的な主体である。世界を揺さぶった二九歳のエドワード・スノーデンより先を見通す必要はない。希望のための足場はあるのだから。

政治・倫理面——私が先ほど略述した分析面の裏側に当たるものだが——では、監視というのは闘争の場所であり、論争の場所である。プライバシー、市民的自由、人権などのような言葉が行き交うことになる。それらはいずれも根本的に倫理的なものであり、それゆえに、政治的のみならず、不可避的に哲学的さらには精神的な問題に我々は直面せざるを得ない。我々の私的で個人的、親密な生活に侵入するいかなる権利を統治機関や警察、ないしその他の組織はもっているのだろうか。罪を犯したと思われる人を呼ぶうえで容疑という分類を当てはめるのに制限はあるのだろうか。個人データについて行われていることになぜ誰もが関心を払わなければならないのだろうか。

本書は、主なニュースになり続けている世界史的な出来事から、その根底にある潮流へと、さらには、表に現れないより深い問題へと向かう。これに私はどう取り組むのか。私の著作に何が影響を及ぼしているのかを承知し、努めてそれを自覚しようとしている。私はカナダに住んでおり、もちろん地理は人の見解に影響を及ぼす。私は、重大ニュースに関心を抱く市民として、潮流を説明したい社会学者としてだけでなく、また、信仰者――私の場合にはキリスト教徒――と自認している者としてこの本を書いた。このことが実際に成就されているかをもっと十全に説明するのはこの場所にふさわしくないが、私がすることを私がする仕方で私がなぜするのかについてはいろいろなところで示そうとしてきたし、関心がおありならば、どうぞ調べて頂きたい。*3

いくつかの潮流と社会学の面では、もしお望みならば自分で確認がとれるように私は注記を付してきたが、理論については論じてこなかった。あなたが探しているのがこの点だとしたら、その基本的な説明は本文中に暗示されており、注記で言及している著作が探究している。多くの人々にとって重要なのは次のことを理解することだと私は思っている。すなわち、スノーデンの暴露に対してなぜあのような広範で白熱した反響がみられたのか、暴露された文書は何を意味しているのか、そして法や政策においてのみならず、日常の状況においても、この文書に関し何がなされ得るのか、それを知ることである。

スノーデンの暴露がなぜそんなにも重要なのかを、二一世紀に特有の監視形態を生み出している諸条件を暴き出し、探究することにより示すことができていれば幸いである。我々が日々行っていることが世界的な権力の流れと結びついているデジタル通信の世界でいったい何が起こっているのか。我々の手助けになるどのような法規制、どのような政策、どのような活動が既に存在しているのか、さらにはどんな新たな態度や行動が求められているのか。

いったい、大量監視の危険が何であり、どのようにそうした危険と対抗し、制限できるのかを示すために、私は意識的にグローバルなものと個人的なものを、構造的なものと現に起こっているものを並置した。それは、とてつもない危険に対するリアリズムへの要請であるだけでなく、潮目を変え得る行動への呼びかけでもある。前途は、技術や政治権力もしくは企業勢力によってあらかじめ締め出されているわけではない。しかしながら、それらの否定的な影響は安心しきっているときっと実現されてしまうだろう。

謝辞

いわゆる単著の本というものはそんなにない。直接的な助けのみならず支援や忍耐の点で、私は家族、友人、同僚といった多くの人々にとても頼っている。欠点や失敗の責めを私が負うのはもとより当然だが、もし私が重要なものを知ることができるとしたら、それは明らかに他の人々の双肩に私が拠っているがゆえに、である。本書の草稿を親切かつ批判的に読んでいただいた下記の方々に心より感謝を捧げたい。コリン・ベネット、アンドリュー・クレメント、チアラ・フォニオ、ミリアム・ライアン、小笠原みどり、クリス・プリンス、チャールズ・ラーブ、プリシラ・リーガン、エミリー・スミス、ヴァレリー・スティーブズ、ディディアー・ビーゴ、スティーブ・アンダーソン、以上である。ポリティ・プレス社のアンドレア・ドラガンと校正者もまた有益な指示を与えてくれた。特に、以下のような刊行論文から取り出した若干の見解は本書でも取り入れられた。「監視、スノーデンおよびビッグデータ」*Big Data & Society* 第一巻一号(二〇一四年)所収、および「スノーデンの賭け」*Surveillance & Society*(二〇一五年)所収の論文である。クイーンズ大学監視研究センター(この機関自体が積極的な支援の母体になってくれているが)に所属する、大学院生、博士号取得研究者、客員研究員(今は、マルタ・カナシロだが)だけでなく、ジョン・シャープやとりわけエミリー・スミスの励ましと助けにいつも感謝している。私たちの子どもたちや今では孫たちも私の研究について元気づけられるような興味を示している。そして、四〇年以上にわたって常に示されてきたスーの不変の支援に対して感謝するうえで、今回が唯一のものであり、あるいは最適な時間や場所であるというわけではないが、私はここで彼女について言及しないわけにはいかない。彼女を見落とすことは大部分のものを見落とすことになるだろう。

目　次

序章　CITIZENFOURの警告

今や、肝に銘じなければなりません。あなたが越えるあらゆる国境、あなたが行うあらゆる買い物、あなたがかけるあらゆる電話、あなたが通り過ぎるあらゆる電波塔、あなたが付き合っている友人、あなたが訪れる場所、あなたが打ちだしたメールの件名は、一つの機関の手中に収められていることを。その機関の手の届かないところなどなく、しかも、その機関には安全装置がないのです。

エドワード・スノーデンからローラ・ポイトレスへ　二〇一三年

スノーデンの話が二〇一三年六月にガーディアン紙に出た翌日、私はブリティッシュ・コロンビア州のビクトリア行きの飛行機上で息も付けないようなその報道を読んでいた。ビクトリアでは「監視文化の出現」について、大会で講演(1)を行うことが予定されていた。特ダネ中の特ダネ——きわめて秘密主義的なアメリカの国家安全保障局(NSA)の活動に関する仰天に値する暴露、かつてない最大の漏えい(2)——にマスメディアは明らかに浮足立っていた。勢力範囲を広げ続けるNSAは、一般市民に対してきわめて広範ないくぶん侵害的で内密の監視を行っていることに責任があると、多くの人たちが以前から疑っていた。

しかしながら、我々が知り得たことはそうした疑念をはるかに凌ぐものだった。我々は知ってびっくりしたのだが、電話会社とインターネット会社は我々の個人データをセキュリティ機関と定期的かつ頻繁に共有していた。電気通信やインターネットの世界ではよく知られたベライゾンやマイクロソフトのような会社が、アメリカや世界中のその他多くの国々の一般市民を対象とする大量監視に関与していた。

すぐに判明したが、事件の主役は物静かだが度胸のある二九歳の人物だった。ジャーナリストのグレン・グリーンウォルドに対しては最初暗号名である「CINCINNATUS」として、また映画製作者のローラ・ポイトレスに対しては「CITIZENFOUR」として知られ、いまや皆に、エドワード・スノーデンとして知られる人物である。当時、スノーデンは、香港のホテルの部屋で、時間を定めて公表するために無数の文書を手渡したポイトレスおよびグリーンウォルドと極度の緊張を伴う議論をまさに交わしていた。奇想天外な劇的状況下で、アカデミー賞受賞映画となる『CITIZENFOUR』の撮影は既に終わっていた。次の数日および数週間中、政府および企業は大規模な被害対策に追われた。しかし秘密はすでに世に出た。

ビクトリア大学の静かな講演講堂に話を戻すと、講演の司会者は今回の機会が驚くべき恰好なめぐり合わせとなった点を強調した。その一方で、九・一一として知られるアメリカへの二〇〇一年の攻撃以降は特に、監視が既に一貫して重要なニュース記事になっていたことにも注意を向けた。私はできる限り冷静に講演を進めた。他方で、スノーデンに関する最新ニュースは流れ続け、政治家はむやみに「反逆者たち」とか、彼らへの厳正な処罰といった言葉を用いたし、ジャーナリストは有害な暴露についてインタビューする専門家を急いで見つけていた。

本論に入る前に、この本の重要概念である「監視」について私がどう理解しているかを述べさせてほしい。多くの人は、監視とは主に警察や諜報機関が行っているものと考えているが、そうした機関の活動はマーケティング会社のような他の多くの組織も同様に行っているものと実際いかによく似ているかを考慮することが重要である。歴史家・社会学者として私は、監視というのはより一般的な活動のことだと言わなければならない。文脈は違えども、「操作または管理するために情報を収集すること」といったことだ。

より具体的には、監視とは、一定の目的のために特定のものであるか全体のものであるかを問わず個人の詳細に対して体系的また日常的に注意を向けることと定義しうる。その目的、すなわち監視活動の意図は、個人または団体を保護し、理解し、見守り、それへの給付を保障し、管理し、取り扱い、または影響を及ぼすことであろう。本書の中で我々は主として人間が関わる監視について考えているのだが、監視には携帯電話のような監視データの運搬手段である装置も実際含まれうる。我々が日々使用する多くの技術は、我々が言い、行うことに関し証拠を生み出しており、そうした技術は監視過程の非常に大きな部分を占めている。このことがまた意味しているのは、そうした装置の使用が監視の成功の度合いに影響を及ぼしているということである。

ビクトリア大学での講演では、長いこと国家の監視が「オーウェル流の」思考と恐怖を促してきたことだけでなく、二〇世紀に近づくと「政府の」監視を超えた「監視社会」の可能性についても人々は考慮し始めたことも、私は指摘した。実際、二一世紀の初めまでには「ビッグ・ブラザー」は、商業部門における日常生活を追跡(監視)するためにポイントカードやフェイスブックさえ利用しているように思われた。(3) しかしながら、私の講演のポイントは、監視国家や監視社会と同様に、我々は今や監視の文化について考慮しなければならないということを強調することだった。監視は、我々に向けて活動がなされるだけでなく、我々が監視に参画しているのである。これは非常に最近のことである。

皮肉にも、監視の文化は九・一一後の安全保障上の監視強化といわゆるテロへの戦いと同時に顕在化した。ソーシャルメディアや手で操作できるような主たる機器のいくつかは、自由と娯楽のための技術として促進されたという事実からすると、意外である。フェイスブックの友人と国の監視要員との間に人的つながりはほとんどなかった[4]。しかしながら、その二つはつながっていて、皮肉にもスノーデンの暴露が明らかに示しているのは、NSAやそれと同類の世界中の機関によって遂行されてきた政府の監視が、フェイスブックのポスト(post)、ツイッターのフィード(feed)、グーグルドキュメントやGPSによって我々がどこにいるかを記録するスマートフォンのようなクラウドサービスから集められたデータに大部分依存しているということである。

換言すれば、監視の文化においては、我々は以前と違って自分の個人情報をオンライン上の公の場に進んで共有することにより自分自身の監視に参画しているのである。人はオーウェルが墓の中で転向したと想像する。すなわち、我々は皆ビッグ・ブラザーを愛するウィンストン・スミスになってしまったのか、と。それが本書で我々が取り組まなければならない問題の一つである。

本書の執筆は、私の担当編集者であるアンドレ・ドラガンがスノーデン後の監視の問題に私が取り組むよう示唆してから何カ月もたたないうちに開始された。彼女が望んだのは、私がスノーデンの暴露をより広く、長い文脈の中に置き、社会的・政治的生活、倫理および民主主義にとっての暴露の含意を強調することだった。もちろん、エドワード・スノーデン自身が例えばしばしばジョージ・オーウェルに言及しながらこうした事柄について若干のコメントを行ってきた[5]。二〇一三年一二月に彼は次のように述べている。『一九八四年』に登場する監視用の録音装置、ビデオカメラ、テレビなどといったような類の情報収集は我々が今日利用できるものとは比べものにならない。どこへ行こうが我々を追跡できるセンサーを我々は自分のポケットの中に持っている。一般の人々のプライバシーにとってこのことが何を意味しているかについて考えてみてほしい[6]」。しかし、彼はそこにとどまっていなかった。モスクワのホテルに避難した後の最初のテレビ放送というその時でさえ、彼の目的は民主的で参加的なものだと言い、次のように述べた。「自ら変わるべきかどうかを決定する機会を社会に与えたいと私は望んでいる」。

我々は今や、複雑な電子網を通してスノーデンが行った多くのインタビューや出演から、彼について、また彼の動機やメッセージについて多くを知っている。これらを本書にまとめることは、NSA契約社員から内部告発者に転じた彼が、自ら日々直面した大量監視をどう理解したかについて我々が知りうる手助けになるだろう。そうはならなかったが、彼は自分以外の誰かが声をあげ、または彼の疑問に答えることさえ望んでいた。しかしながら、スノーデン自身のスタンスは彼を取り巻く状況の中で理解されなければならない。若く技術に通じたデジタル世界の仲間として、コンピュータやソーシャルメディアを利用しながら彼は育った。彼はNSAの内側から、政府機関や外部委託の契約業者によって個人情報が組織的に吸い上げられ手当り次第飲み込まれていることを観察した。我々の多くと同様、彼は技術の矛盾の中で〝生活している〟のであり、そうであるからこそ我々は彼の声を聴かなければならない。

重要問題

スノーデンのスタンスは論争的なものである。最初の暴露の直後、彼は反逆者との、また英雄との烙印をともに押された。アメリカの風土では内部告発の法的保護を受けることができないことをとてもよく知っていたので、彼は自ら進んで亡命を選択し、結局ロシアでかくまわれることになった。「裏切り者」およびの「スパイ」としてのスノーデンにメディアの注意が集中したのは、センセーショナルなスクープの探求の反映という点にとどまらない。そうしたメディアの注意の集中は好奇心をそそる話の詳細がたゆみなく追い求められる有名人文化に関係しているが、九・一一以後主張されてきた政府の物語りへの対応策でもある。政府の物語りとは、新たに強められた安全保障措置と情報収集があるからこそ、我々はテロリストの攻撃から安全でいられるというものである。「スノーデンは我々皆を攻撃されやすい対象にしてしまった」というのが特にセキュリティ機関のスポークスマンに共通の宣伝文句である。実際、当局者がそうするだろうとスノーデンが知っていたように、彼を発見し、処罰するためにためらいもなくスノーデンの個人データの痕跡を特別の検索にかけて、当局者は自らの権力と決意を示すことまでした(7)。

Surveillance after Snowden(スノーデン後の監視)という本書のタイトルには、スノーデンによって提示された監視問題を強調する意図があり、スノーデンの人格、行方または動機を詳しく書くつもりはない。スノーデン自身もこの点を望んでおり、自分のために宣伝することを望んでいるわけではない。彼は初めから文書を信頼に足る尊敬できるジャーナリストたちに手渡すつもりだった。彼らならば、漏えいする順番を決定できるだろうからである(8)。そして以後、公の場での登場に際して、彼は自らの役割は単なる仲介者ないし世話人にすぎない旨を強調してきた。そこでの仲介者ないし世話人とは、公的な生活において悪行がなされていることを観察し、そのことを他者に知らせるべきだと信ずる者のことを指している。したがって、今回生じた話はスノーデンがいないところで生起することはなかったであろうが、我々の注意の焦点となるべきはスノーデンではなく、監視なのである。同時に、後に見るように、今回の劇(出来事)におけるスノーデン自身の役割やスタンスも重要である。

本書は「暴露」に関するあらゆる詳細について記すものでもない。一つには、暴露は活動や国も違う様々なものにわたり、いずれにしてもまだ完全なものではない。もう一つに、暴露は詳細が明らかになっており、今やスノーデン・デジタル監視アーカイブ[9]に保管されている。ほとんどの人によって想像されたものよりいっそう大規模に行われていることがわかった国家による監視というものに疑義を示し、またはそれに反対する団体にとっては、暴露自体がたいへん興味を引くものである。本書は、スノーデンの文書の背後にあるものが何であり、どのような反応が確認できるのかを示すことにより、その文書を理解するよう努めたい。

電話会社やインターネット会社がなんと自由に——そう見える——政府機関と協力していること、あるいは環境保護活動家のような特定の標的とされる団体が「テロリスト」と同じように危険なものとしてみなされていることを、いったい誰が知っていたのだろうか。個人情報収集のたいへん広範な回路とともに、スノーデンによって明らかにされた広範囲に及ぶ標的の存在は、暴露の重大な局面である。そうした事柄は単なる抽象的な憶測にはもはやとどまらない。それには今や確実な証拠が結びつけられている。そうした証拠が公然と手に入るようにしたことはスノーデンの功績である。全体として、暴露は監視における出現しつつあるある種の潮流を強調しており、それはとても重要なものである。そうした潮流は重大で喫緊の注目に値する。

それでは、大量監視についてのスノーデンの暴露は何を示しているのか。それはＮＳＡやそれ以外の機関の内部活動について詳細な洞察を提供している。とりわけ、大量監視は「アメリカ人」と「外国人」(これには親密な同盟国人も含む)のような伝統的な区別もつけないままに、あらゆる種類の人々に対し相手を選ばず遂行されていることを示している。特に誰がそうした監視下に置かれがちなのだろうか。監視の主たる明白な目標はテロリストにしぼられるが、それ以外の者も、異議を唱えたり、あるいは政府の政策に反対している場合には、潜在的な標的となることがますます明らかになってきた。

映画『CITIZENFOUR』はNSAの別の漏えい者も引き合いに出している。潜在的な脅威となる人もしくは被疑者として監視下に置かれる人々に関するアメリカ政府の監視リストには今や驚くべきことに一二〇万人のアメリカ人が載せられている、とその人は報告している。暴露の詳細のいくつかは興味を掻き立てる寄せ集めなのだが、大部分のところ大量のファイルとそうしたファイルが言及している分野の範囲には仰天するようなものは何もない。そして、二〇一三年六月に暴露が滴るように始まった一方で、それらはなお公表を続けているので、その結果それについてのどのような論評も不完全で部分的なものとなってしまう。

暴露によりいくつかの大きな外交的な出来事が引き起こされた。例えば、ドイツの首相であるアンゲラ・メルケルやブラジル大統領のジルマ・ルセフは、二〇一三年八月に彼女らの携帯電話での会話が監視されていたことを知り、ショックを受けた[10]。アメリカ国外の個々の市民もまた、NSAとその提携機関が自分の領域内において不可解なやり方で活動してきたと知って否定的な対応をとった。タイでは、フランス・オランダのSIMカード発行会社であるジェムアルトの従業員が暗号化されたファイルを送ったとき、これを、イギリスのGCHQ(政府通信本部)とアメリカのNSAはその従業員が送ったものは価値ある情報であることの印だと考えた。これが、オランダにあるジェムアルトにおける二〇一〇年のデジタル侵入事件とされるものの発端だった。そこでは、GCHQとNSAのチームが不正な挿入管を使って工場のシステムに不正侵入し、音声の通話とデータを彼らが密かに監視できる暗号キーを手に入れた。ジェムアルトは毎年二〇億枚以上のSIMカードを発行しており、カードは普通の会社、AT&T、ベライゾン、スプリント、Tモバイルによって利用されている。今回の侵入は何百万人もの電話利用者を危険にさらすことになる[11]。

さらにカナダでは、二〇一〇年七月の主要八カ国首脳会議と二〇カ国財務相・中央銀行総裁会議を監視するためにNSAがオタワに事務所を開設したことが明らかにされた[12]。一見無害な響きのある名称の政府通信本部(GCHQ)が安全保障と諜報の業務を遂行しているイギリスでは、ユーチューブとフェイスブックの利用者は、検索可能な情報のバッファー(緩衝記憶装置)を作り出すために光ファイバーケーブルを傍受すべく、GCHQのTEMPORAが利用されていると知ってショックを受けた。GCHQはこうした技術をNSAと共有していたことをスノーデンの文書は示していたし、NSAは「このプログラムを好んでいる」と彼は述べている[13]。こうした例を見ると、その資源やコンピュータ能力にふさわしく、NSAは、冷戦時まで遡るオーストラリア、カナダ、ニュージーランド、イギリス、アメリカという同類の「ファイブアイズ(UKUSA協定下の五諜報機関)」の中で主要な「アイ」の役割を果たしており、NSA以外の小さな「アイ」には実験や開発のような任務が残されている。

監視――三つの局面

スノーデンが選んだジャーナリストたちがニュースを流すよう蛇口を開けた二〇一三年中には、大まかに言って、少なくとも監視の実施に関して三つの局面がとても明白になった。第一に、政府は自国の市民を対象にした大量監視に携わっており、このことは民主主義の基本的な実践に反している。NSAは監視を行っている世界最大の政府機関だが、その活動はアメリカ以外の多くの国々にも反映されている。第二に、企業は互いの利益のために、「所有する」提供データを政府と共有している。その相互の利益とは、企業は政府との契約を求め、政府はデータの入手を求める、というものである。とりわけ、インターネット会社は承知の上でか否かはともかく、個人データを提供すべく共謀している。第三に、とりわけソーシャルメディアにおけるオンライン上での交流や携帯電話の使用を通して、一般市民もまた関わりをもっている。そのことを必ずしも自覚しないで、他者とオンライン上で接触するだけで我々は皆、NSAやその提携機関にデータを提供しているのである。

スノーデンのおかげで、この種の監視が大っぴらに明らかになった。しかしながら、そうした種類の監視は必ずしも新しいものではなかった。大規模なデータ収集と分析技術により、監視についてのいくつかの重要な潮流[14]が広がっている。ここでは二つについてだけ言及しよう。一つは、現代の監視はキノコのように成長し、日常生活が大きな組織に対してますます透明なものにされてしまうという点だ。どのインターネット検索であれ、どの電子メールであれ、どのテキストであれ、実際、ルーターかWiFiネットワークのいずれかがあれば、電話のような電子機器を携えて人が行くところはどこであれ、それらにより、コーヒーショップ、教室ないし事務室にある人がいるということは記録されるだろうし、これら各々のものは公的および民間の組織の両方により収集・分析され、データ貯蔵庫に付け足される。

そして、以上は、オンライン上のものだけについて言及しているにすぎない。店での買い物、銀行に出かけること、街で運転すること、公園を散歩すること、事務所、病棟、工場、学校またはどこかで働くこと、通話をすることは、そのような情報にアクセスする組織や他者にとって利用可能なデータを生み出す。しかしながらその帰結は、そのデータが入手され、使用される者にとって、監視に携わる組織はますます見えにくくなっているということである。我々のデータはどこに行くのか、また誰が何のために我々のデータを使用しているかを見つけ出すために、我々はどのようにしてすべてのそうしたデータを追跡することがはたしてできるのであろうか。後に見るように、いわゆる「ビッグデータ」――ここでは、巨大なデータ・セット[15]の結合と分析と理解されるもの――の出現とともに、監視機関の可視性が少なくなり、市民の透明性が増すという明らかに道理に合わないことが、深く進行している。

監視に関する第二の潮流は、日常生活における「安全」の役割の広がりであり、この安全が、近隣関係や旅行の手配からスポーツやエンターテインメントの大きなイベントまで、監視の使用拡大を促している。「国家安全保障」の探求は、ビッグデータの運用を後押しする。とりわけ、先制攻撃型のセキュリティ侵害に対し予防的な監視の努力を通して、である。これは最初、幾分あいまいな形ではあるが、アメリカ国土安全保障省によって、「点をつなげる」として説明されたものである[16]。その善意の目的は犯罪や暴力が起きる前にそれらを予防しようとすること――『マイノリティー・リポート』方式[17]――だが、そうした努力は罪なき傍観者を途方もない数で監視システムに引き込み、人権と市民的自由にとってとんでもない結果をもたらしがちである。例えば、役人が拙速に間違った結論にたどり着いたがゆえに、多くの罪なき人々が国境や飛行場で不必要に足止めされたり、もっとひどい目にあったりしてきた。つなぐために引かれた線は間違った点に向かっていた。

もちろん、メガデータ――これは、例えば電子通信の期間、送付元、送付先などについてのデータのことである――の使用のようなビッグデータの手法がもつ監視的な含意は、デジタル時代における情報構築の新たな方法の一つにすぎない。ここでの課題は、ビッグデータの潜在的な利便面を列挙することではない。むしろ、このような情報再構築のあらたな方法において、どのような種類の監視問題が提示されるのか、とりわけ、市民的自由ないしプライバシー上の疑問を呼び起こすものに焦点を合わせることである。

監視自体と同様、ビッグデータとはひとまとまりの複雑な活動であり、理解するのが難しい。それ自体では監視やビッグデータにも、ある種の非常に積極的な効果があるが、それらは「それ自体として」存在しているわけでは決してないと言うことができる。監視やビッグデータは、技術的、経済的、政治的諸制度の産物であり、それらの根底にある世の中の約束事を反映している。監視とビッグデータは本来的に「良かったり」ないし「悪かったり」するものではないが、それらは決して「中立的な」ものでもない。それらは検証され、評価されなければならないものなのである。

このことはたやすいことではない。今日の監視はもはや小規模にまたは狭く集中したものではないし、特定の場面でのみ存在しているものでもない。実際、監視はある場面から別の場面へと容易に広がる。一般に、ほとんどのものが十分にとどまれないため確立されるようには見えない今日の世界とちょうど同じように、監視は液体のように流動的だ[18]。監視は自由に部門から部門へと移ろい、政府とビジネスとの間を行き来し、そのゲームに参加するにつれて一般の人々によってさえも担われることにさえなる。

しかし、監視の影響がまったく身近なものと見えるにつれて、実際に監視について何か行動を起こすことはかけ離れたことのように思える。我々は局所的な次元では政治的に活発かもしれないが、権力の中心部は局所的なところからは遠いところにあるからだ。そして、監視の強化をＮＳＡのような機関のせいに、あるいは、そのような機関の活動の多くを合法とした立法府のせいに、さらに言えば、テロに強硬な政権に投票した選挙民とかのせいにする人もいるかもしれない。巨大なデータセンターから国家権力と企業権力のグローバルな連携まで、そして、各種機関と政府の複雑な関係にまで及ぶ監視・産業複合体は手の届かない世界に見える[19]。

しかしながら、行動することは可能だというのが、本書のメッセージの一部である。我々は、あたかも何もすることができないかのごとく諦める必要もないし、あるいはあたかも大量監視は他人事であるかのごとく肩をすくめる必要もない。プライバシーは申し分なく確立した人権である。それは、民主主義空間を圧迫する不当で望ましくない侵入と侵害から、もしくは人々をリストアップし、選別するような市民的自由の侵害に対して、守られ、用いられうる人権なのである。害悪を除去し、監視機関を監督規制するためには、倫理的、技術的、教育的、政治的、法的、および日常地域的な諸活動がなされることが必要なのだ。

スノーデン後の監視

スノーデンの暴露の結果、今や我々は現代の監視の構成要素についてとても詳細かつ深く知っている。大量監視の多くの局面は数十年の間議論されてきたが、スノーデンが提供したものは明らかに証拠である。そうした証拠は分類され、商業、政府、技術、組織、文化のさまざまな分野にまたがって既に知られているものと照合される必要がある。大変重要な一つの領域——個人情報はどのように扱われているのか、それは誰によって、何の目的で、どんな類の帰結をもたらし、どの団体のためなのか——で今日何が起こっているのかを理解しよう。歴史学、社会学、倫理学からの手掛かりを用いて、我々は政治と民主主義についての教訓もまた見出す。

スノーデンの暴露は、ここ数十年監視がどのように発展してきたのか、あるいは監視がどうしてますます責任を負えないものとなり、一般の人々にとっていっそう見えにくくなってきたのかを、明確かつ完全に示している。今日の組織体は我々の生活をますます透明化するが、他方で、同時に、組織体自体の活動を暴くのはより困難になっている。結局、大部分の監視は目に見えなくなっている。しかしながら、デジタル機器や電子的通信手段で日常的に交流するので、一般の人々もまた監視に関与している。スノーデンに対して我々皆がどう対応するのかも、結果に、つまり、我々の社会的、政治的なつながりの将来に対して重要なものとなろう。

今日の監視はある意味で統御不能であることをより多くの人々が理解するよう、スノーデンは暗部に光を照らす役割を担った。監視はニュースになっているし、スノーデン以降、新たな形で政治議題となっている。監視は、時に意図的に、時に無意識に、活動をともにする政府機関と企業によって遂行されていることがわかっている。単独でも「安全」の標語のもとに行動するが、これもまた喫緊の公表や暴露が求められる。「安全」とは何か。大量監視は安全を確保する正しい方法だろうか。こうしたことは政治的に激しやすい事柄であるだけでなく、実際的な日々の関心事となる事柄でもある。まさにスノーデン後の影響がいかに広範なものであり、なぜこのことが我々皆の生活に深く影響を及ぼすものであるのかを示すために、本書は以上のような事柄と取り組む。

ロード・マップ

以下に続く各章で、スノーデン後の監視の主要な局面が探究される。第一章では、スノーデンが暴露した文書のいくつかの詳細が吟味される。スノーデンの行為を位置づけ、多面的に理解するようにしたい。スノーデンが漏えいさせることになったものを理解する上で欠かせない、基本的な潮流が透けて見え始めるはずだ。第二章の主題は、携帯電話やインターネットを通して、どのようにメッセージが傍受され、データが集められるのか、またそれらにより、どのような結果が生ずるのかという問題だ。大きな政府と大企業がこの過程を支配している。第三章では、一般の人々に及ぼす影響がもう一度明らかになる。セキュリティ機関や諜報機関の業務において、「ビッグ・データ」の手法はどのように立ち現れるのか。「メタデータ」という論争的な言葉はなぜ重要なのか。「隠すべきものなど何もない」などと我々は考えるかもしれないが、メタデータの使用は我々が安んじて眠る手助けにはならない。第四章は、かつてなく不安定と思えるプライバシーの問題に立ち返り、スノーデンが暴いたものによって人権、民主主義、および政治それ自体が脅かされるかもしれないと示唆する。同章ではまた、変革への希望のためのヒントが示される。第五章では、各々の問題が組み立てられる方法に進む。「オーウェル流の」捉え方は我々に最悪の場合のシナリオを提供したが、それと匹敵する前進への道は、別の種類の世界を想像することである。デジタルがない世界とか監視がない世界とかではなくて、権利が尊重され、民主的な参加が促される世界である。

スノーデン自身が闘ってきたのはまさにこうした種類の世界である。そして、最初の文書暴露から二年後に、世界の至るところと同様に、アメリカでも大きな動きが起こった。二〇一五年六月、上院での劇的な討論は、一九七八年以来最も重要な監視改革を伴って終わった。すなわち、米国自由法が可決されたのである。明らかに、スノーデンはこの結果を生み出す手続を促した。実際のところこのように監視プログラムが縮小する局面が生じたのは、特に九・一一に続く反テロリズムの拡張以降、前例がない。流れは変わっているのだろうか。まだこう言うのは早すぎる。多くの分野でいかにさらに多くのことがなされる必要があるか、いかにこれが幸先の良いスタートにすぎないのかを、スノーデンは強調している。以下に続く章で、我々はなぜそうなのかを学びとることになろう。

第一章　スノーデンの嵐

『一九八四年』は重要な本だけれども、我々は筆者の想像の限界に縛られてはなりません。時の経過は、世界は当時よりずっと予測不能で危険であることを示してきましたから。

エドワード・スノーデン　二〇一四年七月

堅牢な長方形の要塞のようなＮＳＡの建物がメリーランド州フォートミードの地に不気味にそびえ立つ。見えている部分もあるが、一〇エーカーにわたる部分は地下にある。濃い色のついたガラスで覆われたオフィスタワーの壁は、建物を囲む防護壁のような駐車中の車が無秩序に広がった場所とともに中世風の堀に似たものの姿を反射する。長年、ＮＳＡは謎に包まれていて、操業規模だけではなく、秘密の程度も桁外れであった。ＮＳＡは「No Such Agency（そんな機関は存在しない）」の頭文字というジョークがあった。多くのコメンテーターは、中で何が実際に行われているかを推測せざるを得ず、わかることといえば、職員はＮＳＡについて語ることはできず、説明責任の鎖は雲の中に消えたように見えることだけだった。

懸念の声をあげる者はほとんどいないが、もし声をあげれば精神病を患う妄想癖の反逆者とのレッテルを貼られる危険を冒すことになる。ウイリアム・ビニーは、ＮＳＡのＴＨＩＮ ＴＨＲＥＡＤ（細い糸）プログラムの共同開発者であった。これはインターネットやその他の通信データを分析するもので、ＮＳＡ

で三〇年以上使われた。九・一一後に増加した国内監視に抵抗して辞職した二〇〇一年には、彼はインテリジェンスの技術リーダーに昇進していた。捜査されたが、起訴はされなかった。彼は二〇〇七年に自宅に捜索に入った武装警官やNSAによる彼の仕事への妨害に相変わらず対処しなければならなかった。もう一人のTHIN THREADプログラム開発者J・カーク・ウィービーもNSAの内部告発者となった。九・一一が初出勤日であったというNSAの元上級幹部トーマス・ドレイクは二〇〇六年、NSAがTHIN THREADの後継として安全の脅威となるデータ収集をするTRAILBLAZER（先駆者）プロジェクトによる浪費や違法性について、沈黙を破り、二〇一〇年に防諜法違反で起訴された。

こうした背景に対して、エドワード・スノーデンによる大量監視についての暴露は、これまでになくNSAの覆いを吹き飛ばした。NSAは「Not Secret Anymore（もはや秘密ではない）」を表すというのが新しいジョークだ。彼が暴露した資料は、この秘密のコミュニティにおける内部の仕事について幅広い洞察を与えることとなった。とりわけ注目すべきことに、ビニー、ドレイク、ウィービーがそれ以前に述べたのと同じく、大量監視は政府機関によって「アメリカ国民」に対して実施されていることを明示した。

アメリカにおいて市民監視の衝撃は大きかった。テロリストや容疑者だけではなく、平均的なアメリカ人が監視されていたのだ。人々を動揺させるこの事実は、賭けられているものはプライバシーだけではなく、民主主義そのものであることを示した。確かに、中国などの権威主義的政権やアルゼンチン、ブラジル、チリのような以前のラテンアメリカの独裁政権では、その国民を監視の対象とするが、そんなことは民主主義ではあり得ないのではないか。[1] アメリカにおける民主主義的実践からのこのような逸脱は実に深刻で、埋もれている問題にも注意を引き付ける。なぜ、無差別の大量監視がどこでも許容可能と考えるのか。まさか、この場合に、市民と外国人を区別すること自体が不公平だというのか。

スノーデンの英雄的行為により、法の支配が役立たずになっていること、人権への配慮の欠如、無辜の個人の自由の喪失が暴かれた。同時に、いかにエリートの権力が拡大し、一般市民の意向が台無しにされているかをも示す。抵抗は危険に晒される。外国人と市民を区別することをやめ、反テロリズムを大きく越えて権限を明らかに拡大し、惜しみなく金をつぎ込み仕上げられた監視の事業に暴露が強い光を当てた。そして、だからこそ、自らが行っている諜報活動の仕事の正しさを信じているNSAで信頼の厚い職員が、国の安全のために必要なことを大きく越えた監視の拡大を暴露することが自らの道徳的義務であると感じたのである。

監視のせいで世界はかつてないほど予測不能で危険になっているというスノーデンの見解を論評する前に、彼によって暴かれたNSAによる様々な種類の監視を検証することから本章を始める。そして、数十年にわたり静かに進行してきたこと——じっくりと仕上げられた監視——を、最後に、九・一一後の圧力と苦境に象徴される潮目の大変化を見ていく。

氷山の一角

スノーデンは、NSAの秘密文書五万八千件を最大の衝撃をもたらす方法で暴露するようジャーナリストらに渡した。この話は、グレン・グリーンウォルドとローラ・ポイトラスが語り始めた。様々な監視技術と実施の証拠を整理することは、大がかりな仕事だ。メディアがある情報を入手した方法は必ずしもその情報の相対的な重要性を反映しない。ＮＳＡによるアメリカ市民のやり取りに対する「令状なしの盗聴」に関し、ＡＴ＆Ｔの技術者マーク・クラインによって二〇〇六年にもたらされ、ジェームス・バムフォードによって二〇〇八年に公表された当初の証拠[2]を考えても、スノーデンが暴露したことの大きさへの手がかりはほとんどなかった。アンドリュー・クレメントが言うように、「令状なしの盗聴プログラムは、巨大な氷山の一角で、通信の流れの全ての形態をカバーし、米国中の主要な電気通信事業者の多くを巻き込んでいる[3]」。

令状なしの盗聴という先端の露出部の下にひそむ氷山のいくつかの側面を見てみよう。氷河が海に達し分離して自由に漂い形成された氷山のように、ＮＳＡの活動は独特の層を成している。スノーデンによって三つの主要な層が見えた。第一層は、流通中のデータの傍受である（**図1**参照）。これらは、例えば、アメリカと世界中の他の箇所の間に埋まる五万五千マイルの光学ケーブルにＮＳＡがアクセスを得るためのＦＡＩＲＶＩＥＷのようなＵＰＳＴＲＥＡＭプログラムである（**図2**参照）。これらのケーブルは、多くの場所にインターネット情報を運ぶ。暴露の初期に、ドイツやブラジルについて知ったように[4]、各地の電話会社の協力で何百万人もの市民が監視された。ＮＳＡとその仲間たちは世界の大量監視システムの一部である。これについて世界の人々は何も知らないが、様々な段階で重大な影響を及ぼすものなのだ。

ＮＳＡによる監視の第二層は、保存されたデータへのアクセスである。ＰＲＩＳＭプログラムが最も知られた例で、その理由はとりわけスノーデンの暴露で最初に注目されたものの一つであったからだ。これは一次データソースでもあり、英国のＧＣＨＱの助力でＮＳＡが運用しているデータマイニングプログラムである。二〇〇七年に開始され、米国のインターネット会社のエーオーエル、アップル、フェイスブッ

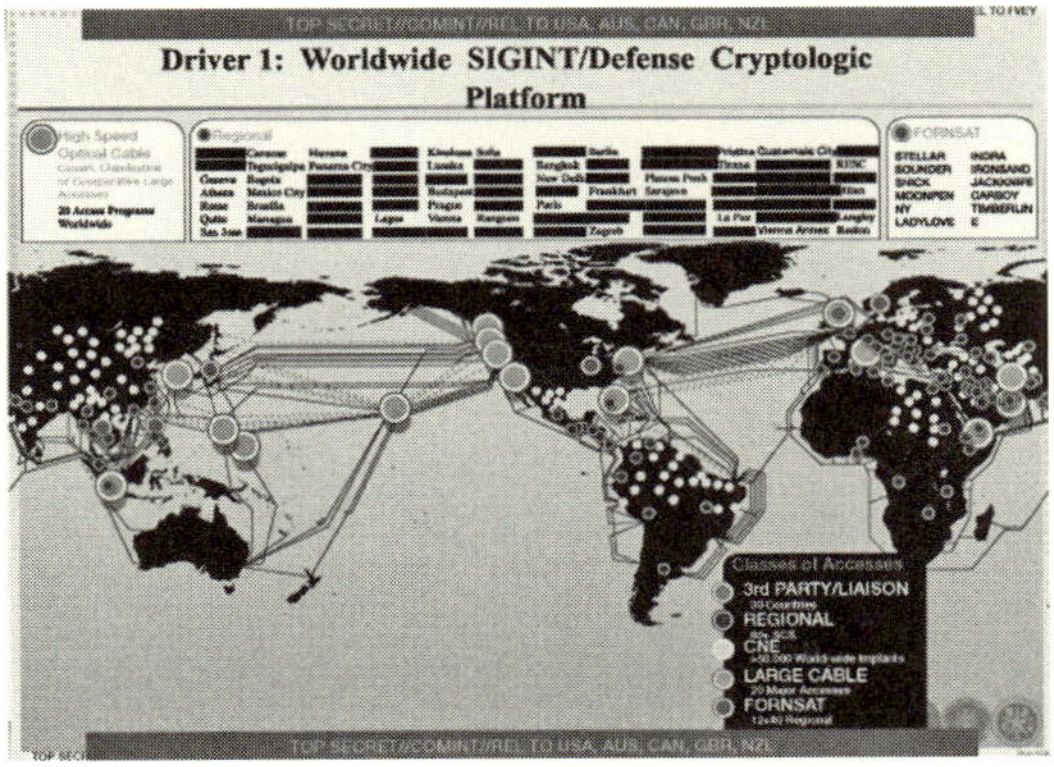

ク、グーグル、マイクロソフト、パルトーク・スカイプ、ヤフー、ユーチューブの各社のサーバーを直接傍受する。このプログラムは、身元情報の収集、チャットルームの投稿、eメール、ファイル伝送、インターネット電話の通話、ログインID、メタデータ、写真、ネットワーキング、ビデオやビデオ会議、さらにこれ以外を分類・保存する。[5] もしアメリカ人が在外外国人である標的と会話をしている場合は、外国人を「標的にした」けれども、「付随的に」であれ、故意にであれ、「うっかり」アメリカ市民に接触してしまうこともある。さらに、このようなデータ収集の大胆さや範囲を誰も予想できなかったばかりか、こんなに有名な会社がNSAの仲間だったことも誰も予想し得なかった。

図1　「全てを集めよ」——SIGINTによる傍受

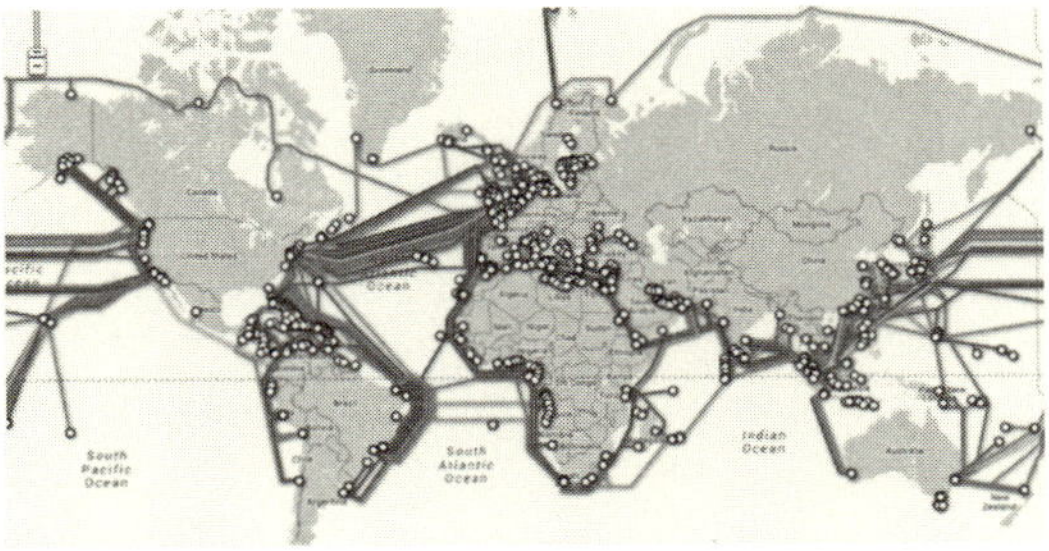

図2　海底光ファイバーケーブル網(telegeography.com)

　氷山の第三層は、個々のコンピュータにスパイウェアをインストールすることであり、無害な感じのするコンピュータネットワーク活用という名前の業務である。ジェムアルト社のSIMカードの件がこれに当たる。これはＱＵＡＮＴＵＭ ＩＮＳＥＲＴのようなプログラムを使うことによって目標に達し、流通中のデータを捕捉するだけでなく、利用者のコンピュータにマルウェアを密かに注入する。もう一つのヨーロッパの事例では、ベルギーの電気通信事業者のベルガコム社の技術職員らが普段通りのリンクトインのページが実は偽物であるという問題を指摘した。うり二つのページが目に見えないスパイウェアを内蔵し、英国のＧＣＨＱの工作員がベルガコムおよびその系列社でＧＲＸルーターシステムと呼ばれるものを運営するＢＩＣＳのネットワークに侵入することを可能にする。これにより、外国から通話するためにそのルーターを使用する携帯電話のコントロールが可能になった。ＱＵＡＮＴＵＭ ＩＮＳＥＲＴはこのようなことを可能にするシステムである[6]。これは毎日使う電子機器が継続的にスパイ組織に報告を返送するマルウェアに感染しているかもしれないということである。

　これら全てが、最近の監視はスノーデンが現れる前に想像できたことよりも、はるかに高いレベルに達していることを示唆する。非常に多くの疑問が浮上し、どこから始めてよいのか決めかねる。政府はその市民のデータを任されるほど期待できるのか。自分の電話通信のプロバイダがこの監視を管理していると誰が知ることができるのか。ここで述べたシステムは、高度の秘密で、明らかに予想もつかず、日ごとに拡大している。おそらく氷山の比喩は「目に見える先端と水中に隠れた大部分」および「先端の露出部の下にひそむいくつかの層」にとどまらない含蓄がある。もう一つの類似点は、これらの組織は、それを生み出した元となっている存在から自由に漂ってきたように思われることかもしれない。独自の論理や規則によって動いているように見えるのだ。

予測不能で危険

オーウェルが想像したよりも、今日の「世界はずっと予測不能で危険だ」とスノーデンが述べることに不思議はないだろう。我々が新しい技術を掌握しアップグレードすることだけでなく、社会的・政治的・経済的・文化的背景に、ありとあらゆる技術的システムを位置付けること、これはスノーデンに端を発する緊急の課題である。証拠によれば、大量監視は一見したところ無害な論理で発展したが、対外的な安全と同様に国内の目的――干し草の大きな山の中から、環境保護活動家、アボリジニの抗議者、反貧困支持者、平和デモ行進参加者、調査報道ジャーナリストのような「悪い針」を探している――に資する結果となっている。そして、メタデータの使用は、単に技術的可能性の帰結であり、データ保存能力の指数関数的な増大であるだけでなく、セキュリティ産業におけるリスク管理や世界的な新自由主義の背景でマーケティング用に顧客をひとかたまりにするために必須でもある[7]。

スノーデンは更なる暴露がなされるべきだと言う。だが、我々が既に知っていることが、二一世紀の今、監視をめぐる諸々の前提を本気で再考するための基礎を与えた。一つ重要な例を挙げると、当の「監視」という語はもっと注意深く検討される必要があるだろう。今起きていることは、制限や区別を伴っていないように思われる。地球規模の大量監視は人類史上先例がない。我々がＮＳＡの業務について今知っていることが、「大量」監視と「標的型」監視の間に恐らく存在する明確な区別についての疑問を生じさせる。ビニーらのＴＨＩＮ ＴＨＲＥＡＤプロジェクトは、あらゆる国内データをフィルターで排除し、寄せ集めの中に外国の通信のみを残すことでＮＳＡの監視を制限した。しかし、その後継となったＴＲＡＩＬＢＬＡＺＥＲプロジェクトは、ビニーのアルゴリズムをいくらか残しながらも、この慎重さを捨て去った。焦点は、外国人と同様にアメリカ人を含むように拡大することであり、こうして国外対国内として考慮することを再定義する。ＴＲＡＩＬ ＢＬＡＺＥＲは、通話料金請求記録その他の個人情報――「メタデータ」――をチェックするために使用可能で、人や集団の複雑なプロフィールを構築するための全ての種類のデータ収集へ向かう傾向の一部でもある。これが意味するのは、令状なしの覗きからデータを――そして、どの国の市民をも――守るための匿名化の余地はもはやないということである(8)。

標的型監視を越えた大量監視の拡大は、ＮＳＡのおひざ元であるアメリカ国内だけではなく、世界中の諜報機関においても起きている。これから見るように、これは他の監視領域においてもますます明白である。「大量」と「標的型」監視は完全に曖昧になった。もし、データが大量な規模で、ある一定の人口をすっぽり包む広さから探され、「要注意人物」を特定する意図を伴っていれば、「大量」が「標的型」監視になる瞬間は、よく言っても不明瞭ということだ。その特定は、どのようにデータを選別するかを指示するコンピュータコードであるアルゴリズムを利用してなされ、その目的は、関係づけ、確固たる手がかりになるかはわからない関連を作ることである。

取り組むべき第二の概念は「プライバシー」であり、これは国連や多くの国々で基本権と見なされている。この概念は強化された監視で失われてしまうものを簡潔に表現する任に耐えうるか。正確には何が「個人データ」あるいは「個人特定可能情報」に含まれるのか。これは長い間議論されてきた。新しい技術はしばしば新しい課題を作り出す。誰かが手あたり次第に載せたあなたの姿やあなたの車のナンバープレートを写したフェイスブックの写真は、「個人データ」か。このことには第四章で触れる。

一見するとありふれたあらゆるデータがある意味では「個人の」となり得るとき、情報と「個人」とは切り離されるように見える。そして多くの人々にとって、「プライバシー」は一義的に「個人」と関係するから、古い定義は徹底的に挑戦を受ける。あなたのコンピュータのＩＰアドレスや通話時間や通話の相手といったメタデータに言及する場合、これらは民間の探偵が探すだろう情報の種類にすぎない。誰が誰と話し、いつ、どれほどの時間か、である。異論もあるけれども、そのようなメタデータが高度に「個人的」であることを否定するのは難しい。

これは単に一つの「技術的な」問題であるだけではない。あたかも単体で存在するといった問題ではないのだ。アメリカの安全保障、商取引、法律の抗しがたい牽引力が、アメリカに特異の結果をもたらしている。アメリカ以外の多くの国々のプライバシーとデータ保護の枠組みは、「メタデータ」をどのように扱うかに関する議論がより複雑なアメリカのそれとは異なる。このことは、アメリカ国内だけでなく、アメリカとその近しい同盟国の間でも運用される大量監視について大きな問題を提起する。

監視の世界、そして監視批評の世界でも物事が継続的に変化している。スノーデンによるオーウェルについてのコメントは、明確な出発点を与えた。多くの人々にとって、ビッグブラザーの比喩はいまだに大量監視についての想像を奮い立たせるものの一つである。しかし、オーウェルのディストピア的、警告的語りには背景が必要だ。スノーデンにとって、これは基本的には技術的事柄である。草むらに隠された巧妙に作られたマイクロフォンや我々を観察するテレスクリーンがモバイルカメラや携帯電話内蔵のネットワークマイクロフォンに道を譲ったのだ。オーウェルが新しい技術発展を予見できなかったことは、非難されない。だが、彼は監視を部分的には、官僚的手続きに見られる無慈悲な合理性の結果であると見なしている。[9] これは、監視がある程度自己増殖している理由の説明に間違いなく資する。[10] しかし、まだ足りない。

我々はオーウェルを「超える」ことができるか。二一世紀において、資源の最大化の論理は、昔からの官僚的な監視衝動を行政組織内へとより一層浸透させる助けとなる。リスクを最小化し、低コストや有限の人的資源の配置を望むあらゆる政府は、大量電子監視を使う気になるだろう。記録や計算はいずれにせよ発生するが、既存のインフラに乗せてなんらかの目に見えない、報告されない要素を加えることにほとんど余分なコストはかからない。欠点といえば、いつの間にか、限界を超え、自己増殖の論理が実際に新しい状況を作ることだ。例えば、環境保護運動といった完全な合法国内活動に従事する多くの人々のように、監視網に捕まったテロリズムと関係のない他の人たちと、テロリズムの容疑者がごちゃ混ぜになる。

スノーデンは、オーウェル後の監視世界を予測不能で危険であると適切に描写する。こんな規模でそれがやって来ると予測した少数の者の声は不幸にも無視され、彼らの恐れは控えめに扱われた。もちろん、オーウェル自身は、彼の非難をおそらく自由民主主義に向けたが、彼の作品は、かつてのソビエト連邦のような社会主義体制国家を描いているとたびたび見なされてきた。しかし、自由民主主義における大量監視の事実こそがまさに「自由の土地」の中で進行していたことに投光照明を当てるため、スノーデンに個人的に犠牲の大きい行動を起こさせたのだ。彼は、大量監視が本当に自由な社会に住んでいると軽率にも信じる人々に対して向けられているという証拠を持っていた。

誰がそれが起こると予見していたか

膨大な暴露だったが、スノーデンが白日に晒したことで完全に「新しい」といえるものはほとんど無かった。ジャーナリストにとってスノーデンの暴露が持つスクープ価値は、大量監視が現在進行中の真実であることを指摘する明確な証拠を実質的に蓄積しているところにある。これは疑いなく新しい。二〇一三年六月五日のガーディアン紙でそのニュースの初報があった時、いくつかの要素に驚かされた。電話通信の大企業であるベライゾン社が同年四月から七月のアメリカ国内およびアメリカと他国間の全ての通話情報を提出するよう、NSAに要求されたと報じた。これはオバマ大統領の下で、秘密裡の国内スパイ活動が驚愕の規模で行われていたことを意味する。[11] いまや明らかになった大量監視の現実に対する国際的メディア、法律家、活動家の怒号は、市民は自分たちが現に耳にしていることにかなり疎く覚悟ができていないという印象を与えた。

もっともなことだが、非常な驚き、怒り、激昂が様々な背景で一斉に生じた。企業は彼らのグローバルシェアが不安定になるだろうとうろたえた。立法者は自ら作った法律を理解していたとは思えない証拠に悩まされた。メディアや法曹界は、自らのやり取りは政府による精査を免れていると考えていたが、裏切られたと感じた。公的な監督機関は政府によって仕事を横取りされていたと感じた。人権や市民的自由に関する団体について言えば、かなり違法な活動を明らかに黙認していたことで政府やセキュリティ諸機関を糾弾した。一般市民は、データ収集の規模についての見せかけの鉄面皮の嘘や、彼ら自身、つまり我々自身が標的であるという判明しつつある現実に当惑やショックを表した。ショックの波はどこでも感じられた。

監視はほとんどの一般市民の視野には実際には入らなかった。多くの人々は、プライバシーへの攻撃を当然ながら心配したが、皆、ほとんどの場合、これは単に個人的なこと、個別的に理解される事柄だと解釈した。もちろんそうであるけれども、それ以上のこともある。監視は、貧困層、ムスリムのドイツ人、フランスにおける北アフリカ人のような特定の住民グループ全体に影響する方法で行われてもいる。これがたびたび社会的選別として言及されるプロセスであり[12]、一義的には個人よりむしろ住民グループを標的にする。個人のプライバシーに注目する主な例外は、通信のプライバシーを侵害しようとする人々に関してだ。これはしかし、信頼に対する重大な疑義を生じさせる。危機的状況にある少数派にとって、プライバシーは常に市民的自由や人権とともにあるのだ。

初報以降、自由で開かれたインターネットへの挑戦が確認されたところは例外として、スノーデンに関する大衆およびメディアの議論は、ドイツのメルケル首相やブラジルのルセフ大統領など著名な個人への脅威となる、主として国家による監視に過度に集中した。今や、大量監視が実施される際は、恣意的な権限が全ての市民に対して行使されることを証拠が示している。多くの論者がしばらくの間議論してきたように[13]、プライバシーは個人的な事柄というだけではない。監視とプライバシーはそれぞれ、個人から集団にまで及ぶ相互関係の範囲に沿って考えられる。定義によれば、大量監視は、誰もが監視網に捕捉され得ること、個人特定の誤りや誤情報等が生じる可能性が一層大きくなることを意味する。

以前の暴露や研究の蓄積にもかかわらず、今日実践されているような監視についての公衆の理解はほとんど進んでいないようだ。驚愕した(そして驚愕している)メディアの決まり文句は、「誰が知っていたというのか」である。しかし、スノーデンによって公開された技術のいくつかは長い歴史を持つ。諜報収集および国家安全保障機関の年間記録の中に見つかるだけではなく、公的機関の管理から消費市場にわたる他の領域にもなじみ深いものだ。一九七〇年代の中央情報局(CIA)、連邦捜査局(FBI)やNSAに対するチャーチ委員会のヒアリングやカナダのマクドナルド委員会は、この例である[14]。それぞれが国の機関による違法な監視活動の弁明を調査した。司法的な調査に加えて、内部告発者たちがスノーデンよりずっと前に大量監視について声をあげている。二一世紀の自由、民主主義、正義に気を配る人ならば、政府による監視の著しい拡大に関心を持つべきだ[15]。その進展といかに事態が変容したかについて、簡単に再確認しておく価値がある。

数十年の進展

一九八〇年代のヨーロッパと北アメリカでは、監視は国家、職場、警察活動との関連で議論され、また、その当時でも消費者との絡みでは、いわゆる「ダイレクト・マーケティング」が八〇年代後半から急速に拡大した[16]。どの場合にも、新しいコンピュータや通信技術によって監視能力を高める方法に多くの関心が注がれた。例えば、社会学者ゲイリー・マルクスは警察活動における「新しい監視」と彼が呼ぶものを指摘した。それは、J・G・バラードによる『監視塔』から、フィリップ・K・ディックの『暗闇のスキャナー』を経て、レイ・ブラッドベリの『華氏451度』に至るまでの、当時はサイエンスフィクションの描写に思えた科学技術の強い影響を受けている。マルクスが述べたように、「原子、あるいは無意識の発見のように、新しい管理技術は、それまでは隠されるか手がかりすらなかった現実の小部分を表面化する。人々はひっくり返ったような感覚になり、以前は見えなかったり意味のなかったことが見え、意味のあることになる」[17]。ビデオ、オーディオ、感熱もしくは感光センサーといった個人の動向を探るために使用される物を目にすると、そして、「いわば蓄積データに基づく予言的プロフィールに関連付けて判断された」行為に与えられる意味を見てとると、マルクスは警告の赤い点滅光も見ることができた。

「情報提供者としてのコンピュータ」についてのマルクスの関心は、他の文脈にも広がった。政府、ビジネス、毎日の職場がますます自動化されるにつれ、個人の確認や追跡はビデオカメラのような機器の導入、あるいは、市民、従業員、消費者の足跡を追う方法としてのコンピュータ利用となる。オーウェルは、合理化された官僚制を描くことで、こうしたプロセスを理解するいくつかの助けとなる鍵を提供したが、彼の同時代人であるオルダス・ハクスリーは、二〇世紀後半において監視が拡大した巧妙な方法を示唆する。彼の「反ユートピア」である『すばらしい新世界』は、忙しない世界で安定性を追求することが政治的・社会的生活を支配した場合に、いかにして個人のアイデンティティが失われるかを示した。その中心テーマは、管理というより住民を「条件付けること」である。オーウェルと同様、重要な鍵がここにある。

政府は何世紀もの間、市民を登録し、数え、見張る方法を見つけてきた。同様に、雇い主は従業員の業績向上と規律を維持する方法を見つけることに常に関心を持ってきた。二〇世紀初頭、生産性向上のために、いわゆる「科学的管理」が行われ、仕事は別々の要素に分けられ、それぞれに所要時間が配分された。コンピュータが職場に導入されるや、仕事を加速し「怠け者」をチェックするためにキータッチをカウントすることにまで広がった。また、顧客は自分が「自由な選択」をしていると思いたがるけれども、少なくとも一九世紀半ば以降、企業も顧客を管理する記録を集めてきた[18]。

一九九〇年代までには、「監視社会」という言葉はずいぶん普通に使われるようになり、かつては制限されていた監視がいかに毎日の生活に波及していったかを示している[19]。国家の監視が続く一方、純粋に人々の日常的な行為の結果として、多くの種類の組織的な監視が今や想定可能である。公道やショッピングモールのユビキタスカメラ、クレジットカードやロイヤリティカードの使用、そして一九九五年からのインターネット商業化に先立つ一九九四年のワールド・ワイド・ウェブ（WWW）の開発後に拡大したオンライン双方向性を通して、監視は目に見えてきた。

二〇〇〇年代には、監視に重大な影響を与える二つの決定的な事柄が起きた。一つは、二〇〇一年の九・一一と二〇〇五年七月七日のロンドン爆破テロ、二〇〇四年のマドリッド通勤電車路線における攻撃である。少なくとも北半球では、これらの攻撃後、国家による安全保障関連の監視が爆発的に拡大した。政府機関とビジネス企業の間のつながりの拡大によって、興味深いことに、二〇〇二年に早くも設立されたアメリカ国土安全保障省の活動は、市民の「全情報認知（TIA）[20]」を求めてマーケティングの世界における「顧客関係管理」の例にならった。

もう一つの出来事は、二〇〇四年のフェイスブックの開発である。これはこの種のソーシャルネットワークの最初ではないが、ソーシャルメディアを主流に押し上げるのに世界的に最も成功を収めた。フェイスブックは、いまや好みやセンスの自己表現をもとにした[21]、顧客追跡（監視）と社会監視の新しい次元を実現した。二〇〇九年のオバマ大統領就任までには、国土安全保障省はアメリカ国民に、そして海外で「関心を持たれている商品」をチェックするためのソーシャルネットワーキング監視センターを展開してきた。[22]ソーシャルメディアと国家による監視は、フェイスブックの初期から協働する運命にあったようだ。彼らは似た方法を使い、ＮＳＡのような機関がソーシャルメディア会社によって既に収集、分析されたデータのいくつかを利用するのだろう。

スノーデンの暴露は、一般市民に対する大量監視の時代が既に始まっていることに未だに気づいていない市民へのモーニングコールであった。九・一一以降、強化された監視を求める「国家安全保障」の理論的根拠[23]は明白になり、データ分析(今では一般に「ビッグデータ」と呼ばれる)の利用もそれとともに顕在化した。[24]ＴＩＡプログラムは、「データのマイニング、接続、精製のための新しいアルゴリズム」[25]を駆使して、非常に大規模のデータベースに依拠する。例えば、現金預払機の使用、クレジットカードの追跡、インターネットクッキー、医療情報ファイル、ソーシャルメディアサイトなど、実際のところ、あらゆるデータが対象となり、これらのデータが興味深い相互連関を生み、そこから記録データ同士の間に意味連関が見えてくる可能性がある。スノーデンのファイルが示すように、ＮＳＡが国内外で監視に利用する方法の中にこれらが含まれている。

疑いもなく、スノーデンが、ＮＳＡや世界中の関係機関との絡みで、プライバシーや市民的自由――表現・コミュニケーション・集会の自由――、そして人権の問題を取り上げるのは正しい。しかし、それを超えるさらなる問題が持ち上がっているのだ。今日の社会、社会の中で権力がとる実際の姿、政治と民主的な制度および過程をめぐる従来の諸前提を脅かす問題である。[26]

これを単に不運な市民を圧迫する電子的に進んだ官僚権力の問題として見ることは、誤解を招きやすい。

市民はかつてないほどに傷付きやすい存在になっている。それは市民が日々の、コミュニケーション上のやり取りや交流を行う方法にも関わりがあり、その多くは記録と検索追跡が可能なデジタル機器を使って行われている。また、世界人口のますます多くの比率の営みを包摂し、多くの理由からなじんでしまっている監視文化に関することでもある(27)。

潮流を追う

今日の監視の主要な傾向とは何か。スノーデンが暴露した文書は秘密機関の内側からの視点を我々に与えた。ここ一〇年ほどでますます明確になってきた現代の監視の主要な問題の背景について、これらを見ることは実に助けになる。一つの傾向は明らかだ。監視は急成長分野である。公的機関でも民間でも、監視は組織の基本的な実践様式となった。この他にも、いくつかの重要な傾向が見てとれる(28)。

以前に言及したように、安全保障はより大規模な監視に勢いを与える鍵となりつつある。それは、「国家」の次元だけではなく、一般的な警察活動、都市の安全、仕事場、交通機関、学校においても同様だ(29)。しかし、さらに、「安全」を最優先する現在の風潮は政治そのものを凌駕しているのではないか、と尋ねなければならない(30)。これは第四章で探求されるが、議論の基本路線は、国家安全保障が最優先されるという前提が討論の可能性を排除し、例えば「国家」の安全と呼ばれていることと競合する人間の安全保障や食べるに困らないことといった、他の優先順位を主張する人々の立場を邪魔する、ということだ。

同時に、この監視拡大を促す「国家安全保障の駆動力」という潮流は、もう一つのことと並行する。公的機関と民間企業との密接な関係である。これはある側面では統合と見られなければならない。現代では、政府と企業はいつでも近しく一緒に仕事をしてきた。そのなかで、両者は本来は異なる領域に属し、異なる権限を持つという考え方が今、破綻を来している。特に、安全保障分野においては、企業の幹部職と政府高官の地位の間で天下りがある。[31] これは、政府機関であれビジネスであれ、最高位のセキュリティクリアランスを所持することで際立つ人々のギルドのような集まりである「信頼されたコミュニティ」出現の結果に負う部分があるだろう。スノーデンが明かすように、ベライゾンのような電話会社とマイクロソフトのようなインターネット会社はＮＳＡなどの国家機関と連携して働くが、その態様は未だ完全には理解されていない。

その他いくつかの重要な傾向も言及に値するだろう。流動的な、居場所を基準とした監視は拡大しており、「我々がいつどこにいるか」、もっと技術的に言えば、我々の生活の時と場所の座標はますます追跡されている。監視は、建物、車、家などといった日常の環境にますます埋め込まれつつある。機械は、それぞれの所有者や使用者をカード読み取りや声による起動で認識する。

人体それ自体が監視データの源で、ＤＮＡ型、指紋、顔認識は身元確認や照合の信頼できる手段と見なされるようになった。さらに、こうした傾向は急速に地球規模となり、グローバル化もまた監視の新しい潮流そのものである。上述したように、連絡網の拠点を経由した社会の監視が登場しており、以下ではその話題に戻る。こうしたこと全てにおいて、正確には何が「個人データ」に当たるのかを知ることは確実に困難さを増している。ナンバープレート、ソーシャルメディアに投稿されたグループ写真に写っていること、そしてもちろんメタデータが定義を困難にしている。

これら全ては、今日の監視について理解したい誰にとっても、また現代の自由民主主義を享受する市民全体にとっても難問である。しかし、問題にすべきものがさらにある。とりわけ、「スノーデン後の世界」を語るのは正当か。いまやスノーデンの文書が使えるようになったけれども、監視は我々が考えたことと大きく異なるのか。この疑問は本書の最後で再検討するが、ここでは監視の潮流の変化を示すいくつかの要素を挙げる。言うまでもなく、我々がまだ十分に知らない分野についてのこともある。だから、これらの要素それぞれが、それを明確に理解する我々の能力に限界をもたらす新しい状況を示す。

九・一一後――監視の潮流は変わったか

監視について我々が既に知っていることへの明らかな軽視から、スノーデン事件は、冷静な期待というより驚きの感覚を生み出した。さらに、現在の社会科学調査、調査報道、政治的な意見は監視の決定的展開に追いついていない、と認めざるを得ない。なぜか。この問題の一部は高度な技術の難解さである。我々の多くは、アルゴリズムやデジタルインフラや統計を理解していない。安全保障と監視の世界で運用されている専門家のネットワークについても十分知らない。その動作環境は謎で、たいてい秘密に覆い隠されている。

ソーシャルメディアの実状にしても、フォローすることが困難なほど実に速いペースで変化し、世界の別の場所では他のネットワーキングプラットフォームが出現するという事実もある。つまり、西ヨーロッパや北米では、グーグル、フェイスブック、ツイッターを多くの人が知っていると言っても差し支えないだろうが、中国のような別の大国では、明らかに異なる。中国ではチャットや写真のシェアには微信（ウェイシン）が使われ、微博（ウェイボー）はツイッターのようなもの、人人網（レンレンワン）はフェイスブックのようなものだが、人気は衰えている。これらが主要なプラットフォームだ。最後になるが、データを記述する用語も、スノーデン後の監視の現実を見えにくくしている。先に見たように、「個人情報」は我々がかつて考えていたものではなく、そのような情報を捕捉することは監視ではない、と宣告される。

ここに陰謀はなく、それぞれの状況の輪郭がもっとはっきりと見えるようにするために、取り除かれなければならない分析上の霧があるだけだ。陰謀について語るのはおそらく不適切だが、これは、明確性のなさと技術的複雑さが何者かによって煙幕として使われているともいえる。深い靄が切れるにつれ、スノーデン後の変化がより明確になるだろう。スノーデンの嵐はティーカップには収まらない。しかし、遮っている霧の覆いが消えるまで、本当の大荒れは感じられないというのが本当のところだ。

技術の霧を見通す

第一の問題、つまり、技術の複雑さと日常語の限界は、クラウド（雲）コンピューティング——霧の再来か——と場所から場所への電子的データ移動に関して最も劇的に見られることである。[32] 雲の比喩は、どのように情報が動き回るのかを説明するための図式に端を発する。受ける印象は、そしてクラウドマーケティングの利用の増加によって強化される印象は、実際のルートは光ファイバーケーブルであるのに、データはどういうわけか天空を無重力でひらひら飛んでいるというものだ。偽りのイメージを伝える、優しくふわふわ浮かんだ雲には現実世界の地理的・物質的要素がある。「雲」ではなく「城」を思い浮かべよう。監視の要素である建物、倉庫、ケーブル、ルートは、権力の外形に不可欠である。この一部分は、NSAを通じたアメリカの先導的役割と関係がある。「クラウド」は物質性がないように聞こえるが、実際には、電子網は非常にしっかりとした物質で、データ移動時には多くのエネルギーを消費するデータセンターを持つ。ケーブルはアメリカの縦横に敷設され、海底にも敷かれて国々をつなぐ(前掲**図2**参照)。NSAは歴史的に諜報情報収集に関与してきたため、国をまたぐデータはたいていアメリカを通り、ニューヨーク、シアトル、シカゴのような場所に位置するデータセンターを通過することになり、NSAによる傍受を受けやすいのである。[33]

NSAのプログラムは、たいてい英国のGCHQを経るが、例えば、UPSTREAMやQUANTUM INSERT用のデータ収集のためにケーブルを利用する。さらにこのようなハッキングプログラムの商用版もあり、[34] 傍受にはTEMPORAがある。傍受装置はケーブルのルートに沿って戦略的に配置される。多くの国々によって、そしてグローバル・クロッシングのような民間企業とのセキュリティ契約を通して実施される運用であり、アメリカは世界の光ファイバーケーブルの多くにアクセス可能である(**図3**参照)。[35] より標的型のNSAの監視は、PRISMプログラムと接続したXKEYSCOREのようなプログラムを使用する。XKEYSCOREはNSAが毎日収集するインターネットデータの検索・分析のシステムで、世界中に分散する特定の所在地にあるデータの隠し場所でデータ保存もしている(**図4**参照)。[36] そして、このPRISMはソーシャルメディアやクラウドプラットフォームを経由してインターネット会社が獲得した消費者データに大きく依存したデータマイニングプログラムである。[37]

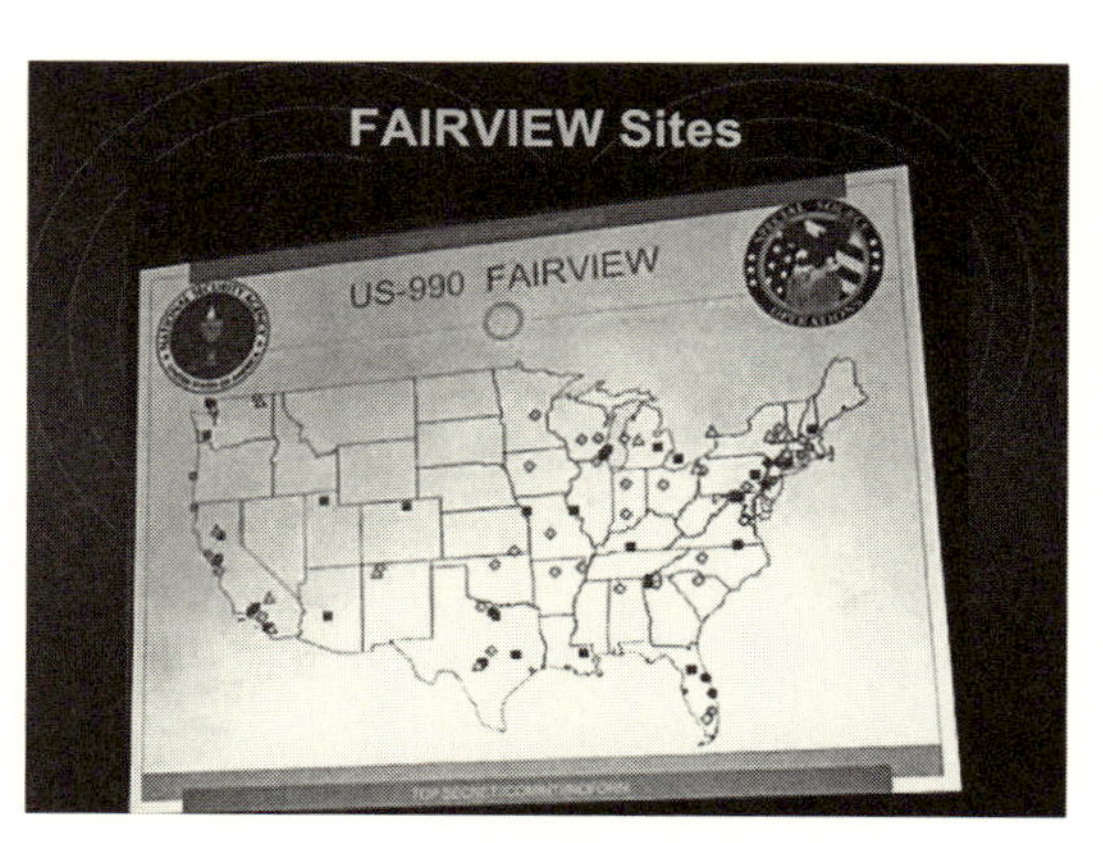

図 3　FAIRVIEW ‘UPSTREAM’ 都市

図 4　X-KEYSCORE はどこか

NSAが諜報収集を国際的に行う最大かつ最も資金のある機関であることは今一度強調すべきであり、英国のGCHQへの言及はこれらの活動が同盟国との連携で行われていることに注意を促すものだ。また、いくつかの事例では同盟国も国際的なスパイ活動を行っている。例えば、二〇一五年一月には、カナダ通信安全保障部（CSEまたはCSEC）が、写真、ビデオ、音楽その他のファイルのシェアに使われるウェブサイトからの一五〇〇万に及ぶダウンロードを分析するためにインターネットケーブルに入り込む目的で、LEVITATION（空中浮揚）といたずらっぽく名付けられたシステムを使用したことが判明した。[38]これは、中東、北アフリカ、ヨーロッパ、北アメリカで運用され、しばしば企業を迂回しながら、コード名ATOMIC BANJOという発信源を通してケーブルに入っている。カナダ人を標的にしてはならないにもかかわらず、挙げられたある事例では、ＩＰアドレスが疑わしいダウンロードリストに現れるモントリオールのサーバーにまで跡付けられた。

見ている者の特定

第二の理解しにくい問題は、監視を行っている者をはっきり特定することが困難なことだ。日常会話では「国家」による監視という言葉が普通だが、「国」の職員となる人々は多種多様だ（それにこれは先に挙げた公的部門と民間部門が曖昧であることの結果でもある）。資料を携えて旅立つ前のスノーデン自身の地位がこれを表している。彼はブーズ・アレン・ハミルトンで働いていた。この会社は技術・安全保障等のコンサルティング会社で、その専門技術はＮＳＡへ下請けに出されている。

外注の魅力は、アメリカ国内の会社に適用される規制の軽さも含まれ、オペレーターにかなりの自由裁量が与えられ、政府の見地からすれば、万が一、作戦が暴露され、あるいは失敗した時に、累が及ぶのを避ける手だてである。フランスの安全保障研究者ディディエ・ビゴ[39]は、「セキュリティ専門家」が現在、国際的なネットワークを形成し、それぞれの国で活動してはいるが緊密に連携する方法にかなり長い間注意喚起してきた。諜報員、技術専門家、（公的・民間双方の）警察組織、アドバイザーその他の人々から成り、九・一一後の国際的反テロリズム協力の中から即座に生まれてきたものだ。今日では、彼らの活動は相応の影響力を持つ連携にまで拡大してきている。

重要なのは、ビゴが彼らを称する「不安な気持ちの管理者たち」のこの連携の発展につれ、古い区別が崩れることだ。彼らは、公的機関と民間機関、国外と国内の安全保障、国益と国際公益などをつなぐ。この発展は、安全保障や監視のデジタル化につれて進行する。「データの獲得やその分析……」の点において、「国家」安全保障がもはや「国家の」ではなくなり、「何が国内かという外形および法執行と諜報活動の境界」[40]が曖昧になることを促す。

この問題は、少なくとも二つの要素に関係する。一つは、今日の巨大な情報・通信企業はほとんど世界規模で、そのため、九・一一後の監視を世界中で調整するという要請と絡み合う。もう一つは、既に述べたが、誰が実際に監視を実行しているかが不確かなことであり、ここで付け加えたい点は、専門家組織の緩い連携が見出されることだ。彼らはともに働き、互いに学び合い、自分たちのプロトコル、合理性、監視の実践を発展させる。

アメリカの例のように、類似の監視実践は省や部局を横断して行われている。このことについては、DHS、CIA、FBI、NSAであろうと、オーストラリア国防信号総局(DSD)、カナダのCSE、ニュージーランド政府通信保安部(GCSB)、英国のGCHQおよびその他の同盟国の省や部局であろうと同様である。これら「頭文字」[41]の警察および諜報機関も、似たような技術、統計、政治経済活動を掲げた類似の下請機関に依存する。警察および情報機関は強い軍事的関係を持ち、軍事実践にも影響を与える。その流れは相互的で、情報管理はそれぞれにとって重要であり、国内警察活動はよりデータ依存度が高くなり[42]、軍事的手法も影響する[43]。

全ての事例において、これらの機関は、単に、認知された国の安全への脅威や犯罪行為に反応するだけではない、ということだ。彼らは主体的に標的となる集団を構成し、それを行う根拠を洗練する。これは、テクノロジー企業との商業的つながりにおいても、政府との連携にあたり中心的な重要性を持つ。政策は、組織的および技術的手法や実践に影響するし、それらから影響を受ける。このように、組織や連携の次元では、関係は多様で複雑だ。

人的つながり

個人とのつながりは、我々が不十分な回答しか持ち合わせていない第三の問題である。インターネットや携帯電話の利用者は、明らかに「スノーデン後」の監視において役割を担っているが、どのような形でか。どのような組織が諸機関とテクノロジー会社と標的集団をつないでいるのか。ソーシャルメディアは歴史的に言って、ここ最近、つまり、二一世紀の現象であることを思い出すことが重要だ。だが、それらは驚くべきスピードで成長し、驚異的な地球規模での普及を遂げ、いまやインターネット利用の主要な側面の一つである。この分野についての重要な社会調査がある一方で[44]、ソーシャルメディア利用者が監視やプライバシーの実践や概念との関係で、どのように作用するかについての本格的な研究は未だほんの初期段階だ。これは優先的に研究すべき極めて重要な事柄である[45]。

文字通りの意味で、「デジタル時代に育った」わけではない世代にとっては、ソーシャルメディア利用者が個人の詳細を広く、無差別にオンラインに流すことを自由に許容していることは奇妙に見える。そもそも、そのような個人特定可能な情報の継続的投稿は、マーケティング目的で彼らのデータを探す企業および警察・諜報機関の双方によって強化された監視に対し利用者を弱い立場に立たせることになる。このように喜んで従う様は、国家に対する大衆の従属状態を得るための新しい技術の利用に精通していたならば、さぞやオーウェルを手こずらせ、悩ませただろう。しかし、大衆の巧みな条件付けを警告してきたハクスリーならば、おそらくそこまでではあるまい。

多くの点で、今日の状況は明らかにオーウェル後である。単に監視の技術が大幅にグレードアップしただけではなく、監視の実践が全ての組織で普通になり、それら全てが監視の「管理体制」を持っている。(46)また、これらの組織を越えて、電子的メディアに参加する全ての人を包むもっと一般的な監視文化がある。そのような文化においては、監視は娯楽の形だけではなく、日常生活のなかで出くわし、多くの人々が知っていてわざと積極的に自ら関わっているものでもある。それは明らかな矛盾を含むかもしれない。例えば、オーストラリアのソーシャルメディア利用者の調査からは、プラットフォームを通じたオンライン上の監視について高いレベルの関心や批判を持ちながら、監視が実際どのように行われ、彼らのデータがどう使われているかについての知識には重大な欠落があることがわかる。しかし、彼らはそれらのメディアを生活の基本であると相変わらず思っている。(47)

利用者の年齢それ自体も重要な要素である。ソーシャルメディアが登場する以前に、人々は既にオンラインに、観察し、記録し、フィードバックし、共有する行為を期待し、どうやらその種の行為に満足を覚えていた。これは特に若い時にはそうだが、オンラインでの活動はそれらの集団が歳を取るにつれて変化する傾向がある。ソーシャルメディア利用者は、世界で最も集中的に監視されている集団であり、皮肉なことに、その多くが民主主義社会に住んでいる。世界的な出来事や国をまたぐ日々の接触は、彼らを「条件づける」ことを助長し、監視——彼らの安全を約束し、彼らのコミュニティを守り、彼らの選好をみせびらかす気にさせる――に彼らを慣らすことになる。「監視」は、彼らが状況を描写するのに使う言葉ではない。それは単にインターネットの機能の仕方や今はやりの現代的条件である。しかし、それは、今のような形で機能しなければならないわけではない。

では、スノーデンの暴露とその後は、ソーシャルメディア利用者のある種の行動を活気づけ――敢えて望むが――新しい方向に向けることに対して、長期的にどんなインパクトを持つのか。これを探り出すには、利用者が自身が身を置く境遇をどう認識しているか、そして、オンライン上で日々行う実践に対する注意深い分析を必要とする。なぜなら、自らに選択肢がなく、あるいは内省する能力がないという意味で、ただ条件づけられ管理されているというようなインターネット利用者はいないのだから。

あいまいな言葉、謎めいた概念

今日の監視システムの中では、非個人データが個人特定の可能なプロフィールを集めるために使われる。情報の断片が、合成のデジタル・アイデンティティを作り出す新しい方法でつなぎ合わされる。これはどういうことか。コリン・ベネットが言うように、「我々についてのオンライン上の有効な情報は、これは個人の、これは非個人のというようにきっちり二つのカテゴリーに分けられない(48)」。最初は個人情報には見えなかった全ての種類の細目によって、我々は特定され得る。あなたのナンバープレートとコンピュータのＩＰアドレスがよい例だ。グーグルは、ＩＰアドレスは機器を特定するだけで、それはもちろん共有され得るという。しかし、多くの事例で、ＩＰアドレスによって、一人の特定可能な個人に確実につながることができ、それゆえ、彼らの閲覧習慣、ブログ投稿、ソーシャルメディアのやり取りにつながる。

この問題は、安全保障および諜報機関そして関連企業を一方として、プライバシー維持やデータ保護に関与する組織を他方として、対立を表面化させる。例えば、カナダでは、政府が収集した様々なメタデータ――第三章で論じる――は、個人情報とは関係ないとして、公的な決定で、問題なしということになっている。そうではなくメタデータはインターネットにとって、電話加入者にとっての電話帳であるというのである。名前、住所、もちろん電話番号が公的に利用可能なのはまさに事実だ。しかし、電話とインターネットはかなり異なる。電話帳には名前、住所、電話番号がある。インターネットアクセスのための加入者データは、たくさんのアイデンティティを含む。読み取り装置は、ＩＰ(インターネット通信規約)、ＭＡＣ(メディア・アクセス・コントロール)、ＳＩＭ(加入者特定モジュール)を認識するかもしれないが、他にもいくつかある。また、どんな場合でもインターネットは電話に比べて多くの利用方法がある。我々は文字通り、オンラインで生き、多くの仕事、教育、政治的・専門的仕事に従事し、それらはオンラインでのやり取りを一層明らかにする。ベネットが言うように、我々が特定されないとしても、簡単に特定可能ではあるのだ。

スノーデン後の世界の問題は、安全保障および諜報機関の多くが、後の介入を伴わない単なる日常業務のデータ捕捉は監視ではないと強調していることだ。彼らの標準的な公言される目的はテロリストが行動する前に追跡することだという事実にもかかわらず、だ。だから、ともかくも、データキャッシュは集められているが、監視という形をとらず、もっと後のある時点になってから監視として再度運用されるようになるにすぎない。複雑さがどんどん増す。

当該の機関は、何十年も調査のために個人情報を探してきた。公的には、アメリカを含む多くの国々で、それらの機関は法による制限を受ける。しかし、いったんインターネットでの継続的なオンラインモニタリングが始まり、ソーシャルメディアに拡大すると、セキュリティ機関はそこで利用可能なデータへのアクセスを試みたにすぎない。論じるべきは、厳密な意味でのプライバシーを越えて、権力の問題になる。個人情報を定義する奮闘は、スノーデン後の時代に激しくなっている。

スノーデンが暴露したことは、現在の日常生活の監視をめぐる基本的な疑問を浮上させる。世界の多くの場所で、いまや生活はオンラインで営まれているからだ。かつて「サイバースペース」は一種の遊離した領域、つまりバーチャル空間として認識された。今、これが誤りであったことは、多くの一般の利用者が認識していると思われるが、ますます明確になった。サイバースペースは、現実世界から「離れて」はいない。そのような見方は、ある種の無責任さ――未だに、見たところ何の考えもなく行った投稿やつぶやきに見られる――を利用者の中に生む。政府がオンラインで行うおそれのあることへの危険な政治的無関心化も育まれる。しかし、ごく最近では、オンライン上での配慮、互恵主義、償還請求の手段、法の支配への期待が、オフラインでのそれらを反映し始めているいくつかの兆候がある。インターネットは時々「現実世界」――この言葉がどう理解されようとも――の側面を紛らすかもしれない。しかし、それは遊離した領域として見られてはいけない。大量監視は、いかに「オンライン」と「オフライン」の世界が深く結びついているかを示すのだから。

第二章　世界中の監視

グローバルな大量監視が起きています……。それはアメリカ合衆国においてだけではありません。これはグローバルな問題であることを記憶に留めておくことが重要です。

エドワード・スノーデン　二〇一四年三月

二〇一五年一月に起きたソニー・ピクチャーズへのサイバー攻撃は北朝鮮によるものとされたが、後に判明したように、こうした非難が可能だったのは、NSAが前もってマルウェアを埋め込んでいたおかげであった。二〇一〇年から、NSAは北朝鮮と外部とをつなぐ中国のネットワークをパンクさせ、北朝鮮のハッカーとつながるマレーシアの関係組織を使って、韓国などのNSA提携機関の協力によって、世界最強のデジタル要塞の一つである北朝鮮に侵入していた。件のマルウェアは、多くの北朝鮮のハッカーが使用するコンピュータを追跡できた。[1]この北朝鮮のハッカーたちは同国の情報機関によって組織されていた。現在、世界中でNSAが活発に活動していない場所を見つけるのは、困難である。

スノーデンの暴露による初期の衝撃とは、NSAのようなセキュリティ機関が、実は自ら市民をスパイしている点にあった。しかし、明るみに出されたグローバルな監視の範囲もまた驚くべきものがある。マーシャル・マクルーハンは一九七〇年に「第三次世界大戦が起きるとすれば、それは軍人と民間人の区別のないゲリラ型の情報戦になろう」と語っていたし、これこそがまさに今日スパイたちが準備を整えているであろうものだ。[2] こうしたグローバルな監視活動は今日のサイバー紛争に対峙する基本である。北朝鮮で発生した出来事が、マレーシアの仲介者や中国の電子工作員によって助長されるなどということは、ヨーロッパや北アメリカの多くの者にとっては縁遠く思える一方で、ＮＳＡのグローバルな活動は、日常的な個人情報に、より頻繁に関わっている。

ＮＳＡは数年にわたり、事実上アメリカにおける全電話の詳細を記録し、場合によってはｅメールのやり取りの詳細をも記録してきた。もし、誰かが、海外のテロ容疑者と連絡を取り合っていたかもしれない人物とやり取りしていた場合、ＮＳＡは外国情報監視裁判所にそうしたｅメールの内容確認の権利を主張する。スノーデンによれば、この「権利」は広く解釈されており、こうした事例では「アメリカ市民」も対象に含む。だがその同じＮＳＡは、海外の機関と提携し、同様のプログラムを世界中で展開しており、それが意味するのは、インターネット――電話網は言うまでもなく――はどこで使われようとも、国家安全保障上の介入と傍受を受ける可能性がある、ということである。

だからスノーデンは「グローバルな大量監視」が発生しているのだと言うが、そこに誇張はない。そうしたシステムは今まで開発されてこなかったし、ごく少数の人々がその存在を疑ったかもしれないし、ＳＦ的な悪夢を描いたりはしてきたが、スノーデンの最近の暴露でわかったのは、「グローバルな大量監視」は本当に起きている、ということだろう。もちろん、全てが常時観察下に置かれているわけではない。だが、ある情報機関、すなわちＮＳＡと、加えてその提携機関と同盟国は、多くの国々の協力企業とともに、個人や団体、組織や政府を、何十年もかけて静かに作り上げてきた技術を使い、意図的に追跡する能力を持っている、ということだ。スパイのネットワークは広大であり、ほとんどは目に見えず、そして非常に強力である。「世界中の監視」は誇張された物言いではないのだ。

このようにスノーデンの暴露によって明るみになった問題はほぼ全ての人の生活に関係する。ＮＳＡが自らを縛るルールの「解釈」はあまりにも雑駁すぎるのか、それとも、実際には、ＮＳＡやその他情報機関の活動の一部が単に非合法なのかもしれない。同様に、情報組織の内と外で法解釈がいかに異なっているかの問題かもしれない。だがスノーデンの暴露が十全に示すのは、インターネットは我々の多くが考えているようなものではなく、オンライン上のプライバシー――国家機関のものを含み、とりわけその種のもの――は決して守られていないということだ。

他に誰が関わっているのか。なるほどインターネット企業も盗聴とデータ奪取に連座させられていると、時にまごつくしかないほどに暴露されている。彼らにはほぼ選択の余地はないのだが。こうした企業は時には情報漏えいへの連座から逃れようと試み、時には利用者を「クラウド（雲）」の中で守るために利用者のやり取りの通信暗号化を約束したりしながら、対応を迫られてきた。グーグルはそんな確約をした最初の企業の一つである。二〇一三年八月、グーグルはクラウド保存サービスで預かっている全データをデフォルトで暗号化した[3]。つまるところ、ビジネス関係者もまた、スノーデンの暴露によって大きな試練に立たされた。

現存するインターネットは多くの次元で監視に結びついており、それゆえ特別の注意が必要だ。インターネットは人々の生活の場所であり、同時に、もともと監視がはびこりやすいといえる。情報とインターネットは我々の日常生活において現代社会の主要な特徴であり、権力の回廊における中心的な立ち位置にある。ジャーナリストのグレン・グリーンウォルドが語るように、「インターネットの自由とは、組織の制約や、社会の支配や国家の支配、蔓延する恐怖といったものにとらわれずにネットワークを利用できる自由のことであり、インターネットの潜在能力を具現化する核でもある。そんなインターネットが、監視システムと化せば、その潜在能力は根こそぎ奪われてしまう」[4]。グリーンウォルドや他の多くの者にとっては、スノーデンの暴露は、インターネットの未来を重要な問題として浮上させる。

我々は、しばらくは一歩下がって、近現代社会がおしなべて情報や通信に依存していることを思い出すべきだろう。インターネットはその適用範囲と距離の点で前例のない存在であるが、我々のインターネットへの依存は、その最新で最大の例にすぎない。近現代社会は常に「情報社会」であったし、ゆえに「監視社会」でもあった[5]。なぜそうなのか。つまりは、過去二〇〇年かけて国民国家は発展を遂げるが、その間に人々の情報を収集し組み立てることは官僚的管理の一つの鍵であった。例として、出生、結婚、死亡の登録にも、国勢調査、運転免許、社会保障番号、パスポートなどにも見てとれるが、それぞれが監視の形態を内包している。

さて、情報とその主な伝達経路は、前例のないほどに政治闘争の舞台になってしまっている。一般の市民のどんな監視データを政府が握っていて、逆にどの程度まで市民が政府の情報を知り得るかは、論争を起こす問いだ。企業と消費者の情報もまた並行して流れ、時に同じ経路にあることが問題を更に複雑にする。だから、監視を理解するには、適切な実践と政策の感覚を育みつつも、こうした情報の保管先と経路を吟味してみなくてはならない。二一世紀において、インターネットと監視は深く絡み合っていて、それはまるで木々の上に這って伸びていくツタかブドウの蔓のようでもあり、互いに依存しあっている。

この章では、オンライン監視に関して、今日の議論にとって欠かせない、いくつかの背景について触れる。まず、インターネットが登場した際の高鳴る希望と手に負えない現実に関する考察から始める。というのも、インターネットは、冷戦のレトリックと一部のコンピュータ熱狂者の民主的な夢とが生み出した結実だったからである。このことは、現代社会において、情報と権力とがいかに密接につながっているかを示している。九・一一以降に作られた「全情報認知」プログラムの発案者の一人、ジョン・ポンデクスターの頭の中ではきっと証明済みの事柄だ。情報は優れた権力の源泉で、「知は力である」は、このプログラムを運用する機関のロゴとして刻まれている[6]。

二つ目として、通信の監視がどのようにしてデータの主要な取得源となり、今日的なインターネット通信の動作環境がこれを容易にしているかを見る。通信傍受は数世紀にわたり情報収集の中心業務であり続けてきたが、スノーデンが示すように、インターネットのケーブルと経路は――しばしば誤解を招くやり方で「クラウド」(雲)と呼ばれる――以前にはあり得なかったやり方で大量監視を可能にしている。

三つ目として、ＮＳＡの活動のグローバルな側面を考察する。アメリカのみならず、「ファイブアイズ」の親密な業務提携先、他に、ドイツ、ブラジル、イスラエル、日本といった同盟国、更に、ロシアやイランのように敵と公言される国々にも影響を与えているからだ。インターネットがいかに闘争――自由で民主的な通信と統合された情報権力との対峙――の鍵を握る存在なのかを考察してこの章を終えよう。

インターネットを夢見る

インターネットを監視に使うこと自体は何も新味を持たないが、その範囲は今までにないくらいに広い。グリーンウォルドやスノーデン自身を含む多くの者は、インターネットが生まれた当初にはその民主的な潜在能力に期待をし、大きく裏切られた。インターネットの商業化が起こる前からあった、人間への便利さの提供といった希望は、一九九〇年代以降にはシリコンバレーなど多くの企業の野望に織り込まれていった。

一九八〇年代に遡ると、イシエル・デ・ソラ・プール[7]のような人気があって先見の明のある数人の作家が、現在我々がインターネットと呼ぶ形態のものの発展を予見し、それがテクノロジーの自由にとって鍵となる担い手になると主張していた。しかし、彼は自由な発話が欠かせない課題になるだろうとも述べていた。規制と資格との組織化がどうなされるかが、かつて政党綱領や印刷機がそうだったように、この新しい通信手段が民主主義を高められるかどうかを左右する。しかし、彼はそれでも「自由」という考え方を強調していた。スノーデンの暴露はそうした楽観主義に疑念が生じてしまう証拠を揃えている。

インターネットの歴史をざっと見れば、見取り図が見える。かつて一くくりに「情報テクノロジー」(IT)と呼ばれていたコンピュータ通信の成長ぶりには目を見張る。その変遷につき身をもって体験した者として、私には「デジタル世代」より容易にこのことが理解できる。私は最初のトランジスターが(一九四七年に)発明された直後に生まれたが、電子信号を倍加したり切り替えたりするこの半導体装置は、現代の電子機器の初期段階の発展にとって決定的な存在だった。十代半ばに自分のトランジスターラジオを組み立てたことを、私は誇らしく思い出す。

一九五七年に初めての人工衛星を当時のソ連が打ち上げたが、これは軽量化され圧縮化された電子機器により実現したのだった。この打ち上げは、宇宙でのソ連の覇権を怖れる、冷戦時代の恐怖感をアメリカに引き起こしていた。これがきっかけになり、軽くて小さな電子部品の開発に拍車がかかり、一九七八年にシリコンチップが発明されると、トランジスターそのものが小型化され、集積回路に組み込まれていく。その回路はウェハースほどの薄いシリコンに実際に転写され、半田付けした針金や個別の部品へのニーズはなくなってしまった。

大切なことだが、冷戦は、結果的にインターネットとなる、その軍事的な先駆けであるアーパネットの構造に影響を与えた。コンピュータ間に分散して配置された電文の「宛先制御装置」[8]が、ソ連の攻撃阻止のために選ばれた。設計者たちは任意の一つの端末に依存しないシステムを探し求めたのだ。データは、インターネットに接続されていなかったり、オフライン中であるハブの周りを迂回していく。恐怖由来の同じ手順がインターネットでは最初から複製された。この攻撃への恐怖は、インターネットを構成するまさに一部である。

こうしたこと全てを可能にしたシリコンチップは、計算と通信の双方にとって、必要不可欠の構成素材であった。チップは計算能力の急激な向上をもたらし、更にはネットワーク内でコンピュータが互いに「話し」合うことを可能にした。時には、ほとんど文字通りに「話して」いた。一九八〇年代中頃、私が初めてイギリスの市民大学でＩＴを使った通信教育コースで教えた時、モデムは電話機を二口（ふたくち）のゴムソケットに挿して電子信号を音に変換してくれる「聴覚の連結器」であった。声は電子信号へと再変換され、こうしたデータ移動は可能となった。

一〇年から二〇年かけ、ちょうどITの力が劇的に増すにつれ、部品のサイズとコストが急速に下落した。このまばゆい二〇世紀最後の日々は「情報革命」[9]と呼ばれ、明らかに世界を変えるテクノロジーの起源が軍や情報機関にあることも、新しくて望ましい民主主義的で発展的な目的によって乗り越えられるのではないか、との期待の声が高まった。だがそのようにはならなかった。

パソコンが一九八〇年代から九〇年代にかけて北半球で広まると、インターネットを通じたパソコン同士の接続が、特に一九九四年におけるワールド・ワイド・ウェブ(WWW)発明以後に、現実となった。インターネット関連産業が多く生まれ、一九九〇年代終盤には「ドット・コム」ブームが起こる。並行して、デジカメ、携帯電話、ゲームといった、多くのデジタル機器が姿を現した。全てが、同時期に起こったネットワークの成長により、極めて急速に互いにつなげられていく。最も知られたものは「公共の」インターネットであった。私が「公共の」を括弧に入れるのには理由がある。というのも、インターネットは多くの通信の民主化に役立ったが、一方で、多くの人々を困惑させた。一九九〇年代に起こった商業化がインターネットの性格を永遠に変えてしまったからである。

デジタル機器はその後間もなく、インターネットと完全に統合される。それは共通の技術的なシステムによって可能になった。デジタル文化[10]がそれぞれの機器の周りに出現し、しばしば、写真、音声、テキストの共用を行うあらゆるクラスター中に出現する。この文化は決まって、誇大宣伝の呼び物よりも凡庸なものによって特徴づけられる。結局、我々は今まで以上の数のものに囲まれ――「ペーパーレス社会」なんてものはない――、ものは絶え間なく変化する。その流れは流動的だ。インターネットへのアクセスも含め、異なったプラットフォームとアプリを一つの装置で組み合わせる機会を与えてくれるという単純な理由で、携帯電話の意義がおそらく最も大きい。監視の観点からすると、携帯電話はまさに多くのメタデータを与えてくれて非常に有用である。スノーデンの暴露で大切なのは、メタデータには、電話の相手の身元はもとより、なんと、通話の時刻、場所、通話時間もが含まれることである[11]。

二〇〇〇年代の最初の一〇年で、クラウドコンピューティングと利用者が作るソーシャルメディアプラットフォームのコンテンツが現れ、二〇一〇年代に入るとユビキタスコンピューティングがより顕在化してくる[12]。しかしシリコンバレーの成功はそれほど安定したものではなかった。例えば、一九九〇年代終盤の破滅的な競争を生き延びたインターネット関連企業は、より強固な将来性を依然として探し求めていた。多くは九・一一の余波の中でそれを見出した。だがそれは、反テロリズムの大義に自らのサービス提供を申し出ることであった[13]。したがって、アメリカ国土安全保障省（DHS）が（二〇一一年に）潜在的なテロ容疑者を求めて、ソーシャルメディアでの発言やeメールでの通信をチェックしていたことが露見しても少しも驚くことではなかった。「豚肉」や「雲」（クラウド）を含む無数のキーワードを利用していたのだ[14]。九・一一以降、批判の矢面に立たされていたのは主にDHSであったが、スノーデンの行った、息を飲むような文書奪取に至って初めてNSAに決定的に目が向けられるようになった。

初期のインターネットの興奮期から熱狂者によく使われた言葉が「サイバースペース」であり、この言葉は意味深だ。ウイリアム・ギブスンによる『クローム襲撃』（一九八二年）[15]で作られたこの観念は、一九五〇年代の「サイバネティックス」にその起源を持つ。サイバネティックスとは、通信技術における制御システムとフィードバックループの研究である。一九四八年にノーバート・ウィーナーにより考え出されたこの概念は、通信システムにおける制御研究に焦点を当てたもので、「舟の舵取り」、もしくは、一般的には「船長」を意味するギリシャ語の *kubernetes* に始まる。サイバネティックスは多くの文脈で用いられているが、特にコンピュータシステムに関連して使われ、その目的は効率の良い組織と運営を追求することである。これは、インターネットを制御するとの文脈で「サイバースペース」という言葉を使用することにもぴったりと当てはまる。

この話には、逆説と皮肉のどちらもがあり、冷戦と、結果的には対照的な軌跡を描くことになるソ連とアメリカのサイバネティックスに分かちがたく結びついていた[16]。ノーバート・ウィーナー自身は、サイバネティックスと「自動機械」が人間社会にもたらしうる結果を思い、懸念していた。これらのものに「脅威と約束」の両方を見ていたのだ[17]。また、万人により良い状況をもたらすという、アメリカ資本主義における、市場の「見えざる手」の能力にも辛辣だった。サイバネティックスの動的平衡は、景気変動があったり、革命や独裁の発生するような現実の社会では決して実現できないだろう、と主張していることからもわかる。

情報管理をするにあたり利潤動機で選別する、との考え方に反対して、ウィーナーならきっと、今日のグーグルのような巨大企業が、NSAの欲しがるデータを保有している状況を見て、天国で悲しむだろう。彼がサイバネティックスの理論を用いたのは、通信手段の管理に反対するためであった。ジョー・マッカーシーがアメリカで共産主義者を追及した際の行動も、スターリンがソ連でしたこともともにこれだと信じていた。他の人々と同様に彼は[18]、いかにたやすく民主的な政権でさえも効率の良い操作に訴えるであろうことを予見した。結局、究極の皮肉と言うしかないが、広島の原爆投下に平和主義者として反対したため、ウィーナーはＦＢＩにより監視下に置かれることになった[19]。

一言で言うと、インターネットは最初から二義的な発明品であった。例えば自分の声を誰にも聞いてもらえない人々に声を与えるという、明らかに民主的な可能性があったが、主な開発者たちがどう使われるかについては極めて技術的な将来像を選択したため、結果としてユートピア的なものからかけ離れたものになった。これは、少しも驚きではない。更に、当初から軍事的で統制的な設計が顕著だったため、後の発展においてインターネットは、監視と統制に強い志向性をもともと持ち合わせていた様々な機器同士をつなぐのに役立ってしまった。

例えば、今日普及しているデジタル機器の多くは使用記録を保存できるという特徴がある。これは、各機器の「サイバネティックス」的な使用に確実に道を開き、アマゾン・ドット・コムに、どんな商品だと我々が喜ぶ可能性があるのかを「知らせる」のに必要なフィードバックの流れを提供する。しかし、同時に、すべての携帯電話に監視の次元を付加することになる。町のよく知らない場所を案内するのと同じ便利な機能で、あなたを追跡したいと考えるかもしれない警察や情報機関に対し、居場所の情報を軽々と「報告できる」からだ。

一九八〇年代に情報革命を謳っていたあの理想主義者たちの夢に何が起こったのか。彼らは、新技術により提供される、解放や民主化の可能性に正当にも注目していた。だが、既存の経済的、政治的な要素には十分な注意を払っていなかった。この要素はしかし、ＩＴの発展にも、「技術」の力に対する非常に強力で何度もよみがえる文化的信仰にも、影響を与えていた[20]。こうして、新技術は宣伝されているようには、正確に、あるいは全く機能しなかった証拠があるのに、「解決策」と誤解されるおそれがあることに気づき損ねたということだ。

スノーデンの暴露は、冷たいにわか雨のようにやって来た。NSAがベライゾン社の電話利用者データにアクセスしたとのニュースが出た直後に、主要なインターネット関連企業を直接的に巻き込むPRISMについての情報暴露がなされた。即座の応酬が見られ、その一部には企業側の困惑も透けて見えたようだった。そう、こうした企業は、一部のデータを手放したわけだが、彼らが許可したよりも遥かに多くのデータが巻き込まれていたことを、スノーデンの暴露は示している。後に露見したように、NSAは、外国情報監視法(FISA)が認可したインターネット企業の所有データに対するアクセスを超えて、上流でデータの流れを傍受する方法をも発見していた。その方法はファイブアイズ提携機関であるイギリス政府のGCHQとともに、NSAが独自開発したMUSCULARシステムである[21]。

スノーデンの警告はインターネット企業が数年にわたってひどく気にかけてきた問題に光を当てた。グーグル、ヤフーそれからツイッターといった企業は、我々は外国情報監視法によって顧客データ引渡しを義務化しようという政府の試みを阻止しようと奮闘してきた、と言う。セキュリティークリアランスの細分化もなされたが役には立たない。企業内のセキュリティー専門家はしばしば半ば隠された政府の目的のために働き、また企業内であっても箝口令の下にある。経営最高責任者(CEO)やスポークスマンでさえ、そうした層で何が起きているのかを知らないこともある。彼らの名誉のために言えば、企業側は政府側のデータ入手の試みを退けてきたように見えるが、政府の権力と、企業側にも政府との業務契約が存在するといった重要な事実が相まって、争いはいくらか歪められる。PRISMによってこの争いは明るみに出たが、NSAを取りまく秘密主義のため、実際に何が起きているのかを知るのは非常に困難である。両者は霧の中で戦っているのだ。その霧の深さの一部は、情報がどのように理解されているかに関連する。

情報は力である

情報とは何か。あらゆるこの種の概念と同様、その定義には争いの余地がある。現代の形態でそれが登場し、監視の実践を規定するようになった経緯は？　この疑問に答えることは一つの定義に近づくのに役立つ。一八八〇年代から、蒸気動力、その後の電気の実用化にはいずれも、工程間の調整に通信と制御の技術革新を必要とした。現代において情報がとてつもなく重要になったのはここだ。同様の傾向は、鉄道の時刻表、工場や政府官僚機構の科学的経営手法といったものにおいて見られた。情報とは、最も広義には、知識や知性を伝えたり、受け取ったりすることである。

第二次世界大戦前、情報とは電話交換手に尋ねるもの、すなわち電話番号のことであった。または、情報とは夕食のレシピか火事の際の避難経路の指示書きのことであった。一九五〇年代には、英米主催の有識者によるメイシー会議で情報理論について話し合われた。この会議では、情報に対する見解の、現在では決定的な相違と見なされる事柄がはっきりとした。

クロード・シャノンは自らの通信の数学理論の中で、通信内容は「意味論的」な側面であり、記憶装置と変速機の技術的問題には無関係だと主張した。次の章で見ていくように、メタデータの話をするときと同じ論理だ(22)。通信を暴露したり受け取ったりする文脈は無関係である。メタデータは技術的なものであり、内容とは全く関係がない。プライバシーとは内容に関係することであり、メタデータを集めることがすなわち監視なのではない。監視機関の幹部の一部にはそんなことを言う者もいる。[23] 実際には、現代社会において、メタデータと内容との絡まりを完全にほぐして読み解くことは、不可能である。

一九七〇年代になるまでは、「情報」はまだ、広く議論され人気がある話題ではなかった。だが、安全保障機関は明らかに最初からその重要性に気づいていた。一九七〇年代に、社会が「情報革命」を経験するかもしれないという考え方が出てきた時、情報に関する二つの理解は影を薄くしつつもまだ健在であった。[24] 情報の二重定義がもたらした実際的で重大な結果は、スノーデンをめぐる議論までは顕在化しなかっただろう。

一九九〇年代中頃に出た、社会学者のマニュエル・カステル[25]による『情報時代』は、情報がいかに新しい電子技術の普及に関連して重要度を増し、現代世界の経済、政治、社会生活にとり基本的な存在となったかを実証した本である。「情報的発展様式」とは、順応性と普及力があり、集約的で内省的であること、とカステルは語っていた。商業的な競争力は、情報を逐一、地球規模で、特にニューヨーク、ロンドン、東京、上海、香港、シンガポールのようなグローバル都市を通じて作り出して加工できる企業に依存するようになった。興味深いことに、彼はさらに、増加するオンライン監視にとって、インターネットの商業化は「鍵となる契機」であることを見抜いてもいた。[26]

いわゆる「ユーザー制作コンテンツ」がウェブ2・0の決定的な特徴となった時、カステルはその出現しつつあった現象を「大量の自己との対話」として言及した。[27] 彼自身の論理では、これが更に監視を呼び起こすのである。『情報時代』の第一部で描かれたネット社会では、社会的、経済的、政治的な処置の全ては新技術に依存することで影響されるが、そんな社会は監視社会でもある。影響力と権力の独占へと向かう傾向は、自由な発話はインターネット上で可能だとの信念をも鼓舞してきた、まさに同じ技術によって育まれる。

カステルが強調するように、「ネット」と「自己」との関係には本来的に緊張がある。そして、なるほどこれまでの技術は、時間に対する――印刷媒体が持つ長期にわたる影響――あるいは空間に対する――電報の登場以来、近現代の通信は、植民地主義を含むグローバル化の傾向を助長した――力を誇ってきたが、インターネットはこのそれぞれに役割を持っている[28]。だが、インターネットは時間と空間を新しい形態の管理を促進することで一つにまとめる。どういう管理かと言えば、一方で社会関係を新技術の固定的な鋳型に押し込み、他方で公的空間での独占を手離さないのだ[29]。

よって、情報制御が二一世紀における政府、企業、国民にとって決定的な課題となったのは不思議ではない。コンピュータシステムを抗議や政治的な目的に用いるハッキング抗議主義（ハクティビズム）が一つの反応として登場したが、ウィキリークスやアノニマスといった固有名詞は、誰がどんな情報を持ち、何が秘密とされたままではいけないのかをめぐる論争と同義である。

ウィキリークス創設者のジュリアン・アサンジは、二〇〇六年以降、アメリカの軍事作戦や悪名高いグアンタナモ湾収容所での生活といった主題に関して、秘密文書を故意に漏えいしている。アサンジやその同僚サラ・ハリソンは、二〇一三年六月にスノーデンの暴露が始まって以降、スノーデンの安全な避難所探しを手伝った。政府の皮膚に刺さるもう一つの棘、アノニマスは、監視や政治腐敗への対抗で今や広く知られている[30]。どちらの組織ももっぱら、政府や企業から情報と権力をそぎ取って、一般の人々に開示することに意を注ぐ。

多くの組織、特に政府機関において、端(はな)から秘密指定という傾向が増えていることを思えば、その種のハクティビズムやデータ開示集団が現れるのは論理的な帰結である。しかし透明性にも限界がある。公共機関や税金で賄われている機関においてでさえ、守秘義務と自由裁量とを確保するための、何らかのメカニズムが求められている状況がある(31)。ここで概観したような傾向を考えれば、情報の自由とデータ開示を巡る闘争は続き、かつ、徐々に拡大する可能性がある。電子的に取り扱われる情報への依存が世界的な現象であることも、その理由の一端である。

世界中にひろがるNSAの触手

驚くことではないが、スノーデンによるNSAの暴露を報じる主要ニュースはアメリカのことに集中した。その衝撃値は、アメリカ市民が国内で大量監視され、それも何の嫌疑もないのに実行されていたことが明るみに出たことから主に生まれた。間もなく、多くの他の国家やその市民たちも巻き込まれ、関わることが判明した。以前は注目されていなかったとしても、事実の山は今やひときわ目につく。NSAの監視は地球規模である。

例外扱いはなかったようである。第一に、ファイブアイズとして協定を結ぶアメリカ、オーストラリア、カナダ、ニュージーランド、イギリスの各国も、NSAによる大量監視の対象である。加えて、ブラジル、デンマーク、ドイツ、フランス、インド、イスラエル、イタリア、オランダ、ノルウェー、スペインといった同盟国も対象とされていた。それぞれの国が独自の反応——時には怒りに満ちた——を示している。

最後に、中国、イラン、ロシアといったアメリカに非友好的と見なされている国々もまた、ＮＳＡによる大規模監視にさらされている。

その諜報活動は対象国家で、特に中東の紛争地帯のような場所では直接的な効果を上げている。そうした監視は、例えば二〇一四年のガザ地区の襲撃が成功するのに役立った。ＮＳＡは近年、カナダのＣＳＥやイギリスのＧＣＨＱと頻繁に協働しながら、時に密かに、イスラエルのＳＩＧＩＮＴ(Signals Intelligence)国家部隊への援助——パレスチナ人を標的にし、その追跡に使うデータが含まれる——を増やした。こうした活動は中東で「平和を仲介する」というアメリカの立場と符合しない。二〇一三年四月一三日付のＮＳＡ文書が言明しているように、「ＮＳＡはイスラエルのＳＩＧＩＮＴ国家部隊と広域にわたる技術的、分析的な関係を維持し、アクセス、傍受、目標設定、言語、分析、報告に関する情報を共有する[32]」。

アフリカの国々もまたＮＳＡの手中にある。ＧＣＨＱとＮＳＡは、ＵＮＤＰ(国連開発プログラム)、ＵＮＩＣＥＦ(国連児童基金)、それに慈善団体「世界の医療団」(ＭＤＭ)といった、紛争地帯や特にアフリカにおいて協働している組織を監視対象にしている。あるスノーデン文書では六十数カ国が名指しされていた。その文書にはモハメッド・イブン・チャンバスのような指導者の詳細も含まれていた。チャンバスは、多くの他のアフリカの国家元首と一緒にダルフールにあるアフリカ連合＝国連合同特別共同代表を務める人物である。

ほんの一カ月のうちに、ＢＯＵＮＤＬＥＳＳ ＩＮＦＯＲＭＡＮＴ(国境なき情報提供者)と呼ばれるスノーデンが暴露したシステムから、ＮＳＡのグローバル・アクセス部隊が九七〇億通のｅメールと一二四〇億の電話通話のデータを、ほぼ全世界の国々から集めていたということが判明した。二〇一三年二月だけでアメリカ市民に関する三〇億の機密情報アイテムが収集された[33]。これは概観プログラムで、世界中で繰り広げられている現在進行形の機密情報収集を追跡する。正確にどれほどの範囲を自身のプログラムが網羅していたのかをあまり知らなかったとNSAは主張してきたが、BOUNDLESS INFORMANTはまさにその件について「ほぼリアルタイム」の統計を提供していた。

NSAとその提携機関がアメリカ国外にいる数百万の人々の生活に侵入していることは再び強調されなければならない。ファイブアイズの合意は一九四一年に英米の間の秘密条約の一部として始まり、一九四六年に承認された。冷戦の先鋭化とともに、一九五〇年代にはオーストラリア、カナダ、ニュージーランドが加わった。この合意は極秘だったために、例えば当時のオーストラリア首相ゴフ・ホイットラムはオーストラリア保安情報機構（ASIO）が一九七三年に一斉捜索されるまで、この英米間の条約の存在を知らなかった。一九八七年一二月二日ニュージーランドで当時の首相デビッド・ロンギは新しい情報機関設備であるワイホパイ基地の建設を宣言している。彼は自国の諜報活動の独立性を強調したものの、アメリカ主導のシステムが数年にわたり存在していたことも、ニュージーランドで英米のECHELON（編隊）システムが稼働していたことにも、気づいていなかった。この協定の根拠は共通の利害と情報共有だったが、スノーデンの暴露により、NSAが主要な役割を果たしていることが明らかになった。

アメリカに地理的に最も近く、アメリカとの広範な諜報活動上の連携があったという歴史的な理由から、カナダはしばしばNSAの監視の矢面に立つ最初の国となった。二〇一三年に——序章で触れたように——スノーデンの文書が発表され、カナダのCSEがNSAに協力し、二〇一〇年のG8とG20サミットの期間中、NSAがカナダの首都オタワにあるアメリカ大使館を諜報活動の拠点とするのを認めていた実態がわかった。極秘文書に紛れ込んでいた「概況説明」によると、NSAの計画は「カナダの提携機関と緊密に連携していた」ということだ。[34]

具体的な監視対象は不明だが、二〇〇九年にロンドンで開催されたG20で、外国の政治家や外交官の通話とeメールへの不正侵入という同種の事件があった。スノーデンによれば、NSAには「政策立案者への支援」と「アメリカの政策目標への支援」、すなわち、どの交渉においてもアメリカとカナダを有利な立場にするような仕事が与えられた。CSEは自らが動けば違法となる、カナダの自国民をスパイする仕事をNSAに外注していたようだ。テロリストの脅威といった証拠もないまま、NSAは破壊活動に従事する「個別政策上の過激主義者」についての警告を出した。これは「市民」の日常生活に介入し、民主主義的な実践を軽視している。不公平な選別の問題も持ち上がる。このように広範な監視になぜ誰もがさらされなければならないのか。

しかし、NSAのカナダでの監視の他の作用はもっと知られていない。例えば、カナダ「国内の」――例えば都市間の――インターネット経路選択のうちどの程度が実際にNSAの傍受を受けやすいアメリカ国内を通過する形になっているかをほとんどの人は知らない。また、海底の光ファイバーケーブルは主にアメリカ―ヨーロッパ間に敷設されていることから、カナダを往来する国際的なインターネット通信はアメリカ国内をNSA装置を経由して通り抜けるのである。[35] こうしたアメリカのインフラへの依存がカナダの国家主権を危うくし、当然ながらカナダ人のプライバシー権をも危険に晒している。それは自由な通信へのカナダ人の伝統的な強い関心からははっきりと逸脱している。PRISMプログラムにより、グーグルやフェイスブックといった主要なインターネット企業を利用するカナダ人は、今ではＮＳＡによって容易に詮索される。というのも、場合によってはデリケートな彼らのデータが、アメリカ国内のクラウドやネットワークサービスを通過するからである。

「国内の」経路選択の問題につき、ＩＸＭＡＰＳプロジェクトを研究しているトロント大学の研究者たちがデータパケットの経路を追跡したところ、それらが頻繁にＮＳＡのインターネット監視サイトを通過していることを発見した。コンピュータ科学者であるアンドリュー・クレメントはこのことを「ブーメラン通信」と呼んでいる。トロント繁華街にある彼のオフィスからほんの数ブロック離れた州政府ビルに宛てて発信されたメッセージさえも、おそらくシカゴかニューヨークを経由し回送される。このどちらかの都市を経由するということは、データがＮＳＡのデータセンターを通過していくことを意味する。この行程は、ＮＳＡと企業の人間が協働で、データは流れるが同時にＮＳＡのストレージに複製を残すことを可能にする光「スプリッター」を接合しなければ成立しない。よって、誰と誰が通信を行っているのかだけでなく、何を話しているのかも、オンライン・バンキングを行っているのであれ、政府省庁と通信しているのであれ、危険に晒される[36]。

監視とインターネットの未来

インターネットの政治が大量監視の時代には中心となる。これは明らかに、当初からスノーデン論争の鍵となる側面であった[37]。アメリカ行政府を筆頭に世界中の政府は、国家権力とインターネット企業の馴れ合いのような商業ネットワークをめぐる延々と続く議論に対応を迫られてきた。そうした商業ネットワークは、数十年かけて進化してきたインターネットと監視専門家の存在の上に築かれつつある。

ヨーロッパでは、例えば、スノーデンの暴露の後、インターネットの未来を調査する独立した国際委員会の発足が二〇一四年一月に発表された。前スウェーデン首相で当時外務大臣であったカール・ビルトが委員長を務める委員会は二〇一六年に報告書を出す。委員会は二五人のメンバーで構成され、その中にはかつての情報機関員、学者、それに政治家が含まれる。委員会の声明文は全体主義政権によるインターネット統制とともに、「信用の喪失につながった」オンライン監視の特徴と範囲にも関連するものだった。[38]二〇一四年四月にはスノーデン自身が欧州評議会議員会議で演説を行った。この会議の報告書は二〇一五年一月に公表された。それによると、スノーデンの暴露は「衝撃的」で、大量監視は基本的自由に身の毛もよだつ結果をもたらすと明言し、不正な手段を使い、貧弱な安全保障基準を悪用する監視機関により「故意にインターネットの安全性は弱められている」と悲嘆している。[39]

ネット監視の政治は、更に、インターネット企業自身を貫通する強力な潮流である。これらの企業はNSAから身を引き離さなくてはならなかったが、他方で、通常は法的規制の下、広範に政府と協力し合っていることを認めている。政府と企業のつばぜり合いに並行して、市民的自由と大量監視のプライバシー侵害の双方に、更にはインターネットの未来にも取り組むNGOの数え切れないほど活発な抵抗がある。

スノーデン以来、電子プライバシー情報センター、電子フロンティア財団、アメリカ自由人権協会（ACLU）、イギリスを拠点とするプライバシー・インターナショナル、カナダのオープンメディアといった定評ある団体によって形成された新しい連立は、新鮮なやり方で改革のうねりを作り、スノーデンが暴露した問題のそれぞれに対するコンセンサスを創造しようとしている。人々は、監視へのもっと統一した対応を、おそらく、環境保護主義に匹敵する社会運動に発展するような対応を望んできた。そんな日が本当にやってきたのか。[40] よくわからないし、もしそうだとしても、望んだようなインパクトを持つかどうかも明らかではない。特に、政府による監視のために企業側が払う運営コストは膨大なものであることをインターネット企業に指摘するのが、短期的には同じくらい効果のあるやり方かもしれない。

世界中の多くの人々と政府はスノーデンの暴露に震撼した。インターネットはいかなる意味で自由なのか。オンライン上で安全なものなどあるのか。この強力なネットワークを運営する適切な方法とは何か。こうした問いは、強まる切迫感とともに、時には、二〇一一―一二年にかけての「アラブの春」のような事件に関連づけてなされた。民衆による政治運動は全体主義的な政権の打倒を試み、色々なやり方で、特に北アフリカにおいて成功した。西ヨーロッパの多くの国が、携帯電話を介しての、持ち運びできるインターネットがもたらした、民主的な政治参加と動員の可能性を褒め称えた。しかし当の政府もまた、通信を遮断し、要注意人物や首謀者と見なされる人々を身元特定するために使える道具を改良するのだった。

インターネットを巡る闘いは世界的で、根深く、しばしば過酷である。アメリカは情報機関を通じて、暗黒の全体主義国家と競い合い、大量監視の発展に拍車をかけ、プライバシーと市民的自由を傷つけている。ファイブアイズの協力国はアメリカと共謀し、監視の網を世界中に確実に広げている。インドと中国は独自の強力な監視システムを持っており、それぞれが独自の「サイバー主権」を主張している(どちらの国にも非民主的な政府によるインターネットの管理を制限する余地はほとんどない)。インターネットのもたらす自由やプライバシーや人権への期待は、地球規模の大量監視により、曇らされているように見える。

アメリカではインターネットと通信の監視の問題は、多くの場合、外国情報監視法（ＦＩＳＡ）に焦点が当てられるが、それはスノーデンの暴露したものの多くが同法の再解釈次第でどうにでも転ぶためだ。一九七八年から二〇〇一年の間、ＦＩＳＡはほとんど改正されなかったが、九・一一以降に数カ所の変更が秘密主義の外国情報活動監視裁判所によってなされた。特に第二一五条の追加によってＦＩＳＡの命令範囲が拡大され、第三者に業務記録類のようなものの政府への提出を強制できるようになった[41]。

二〇〇二年にはまた「未処理の取得」命令が出て、アメリカ人に関する情報の外国政府との共有制限法を緩和した[42]。二〇〇七年に適用され、二〇〇八年にＦＩＳＡ修正法に集約される、一見言葉遣いにおける小さな変更が、どんなデータが収集可能なのかについて、大きな違いを生んだ。スノーデンが暴露した「外国コンテンツ」と「国内コンテンツ」と題される文書に登場する facilities という言葉は、前は単に電話番号やｅメールアドレスを指していたが、その意味が拡大され、アメリカ内外の地球規模の通信ネットワークへのゲートウェイまで意味するようになった。九・一一後になされた、手段を選ばず許容される活動範囲の拡張は、目立たぬ形で地球規模の監視の局面を変えた。

スノーデンの暴露が世界的なニュースになった時、多くの者はＮＳＡの活動が単に非合法なのだと捉えた。彼が表明した道徳的な怒りは、問題がはっきりした時に急速に広まっていった。しかし、ＦＩＳＡでこっそりなされていた驚きの再解釈の詳細がわかり、法学者がＮＳＡで行われていることの合法性について真逆の判断を下すようになるにつれ、地球規模の大量監視に対する執拗な反対意見は、多くの技術的・法的なあいまいさに覆われてしまっている。間違いなく法律が密室で再解釈され――そのことも道義的な問題ではあるが——、この法的な論争の結末はこうだ。数百万人を大量監視にさらすという法律の影響から注意が逸らされている。

ただし、状況は相変わらず陰惨ということではない。自身の通話をＮＳＡに盗聴されたブラジルの大統領ジルマ・ルセフは二〇一三年九月の国連総会にて演説し、インターネットに対する何らかのはっきりしたルールを作るべきだと主張した。彼女は、ブラジルの全体主義的な軍の専制主義に抵抗してきた活動家だったが、そうした過去を持つ人は、監視の問題に敏感である。彼女はプライバシーとは、表現と意見の自由にとって、したがって民主主義そのものにとって、欠くべからざるものだと宣言した。加えて、ある国の市民の安心と安全保障への権利は、決して他国の市民の基本的人権の侵害によって保障されるものではない、と彼女は鋭くも主張した。

ドイツはブラジルに加わって、プライバシーの権利に関する国連決議を支持した。そんなことは二五年間で初めてのことだった[43]。ブラジル国内では、ネットの中立性という考えに基づくデジタル権利章典が制定された。この考えは一部の批評家には瑕疵のあるものとされるが、少なくとも正しい方向への第一歩である。ブラジルは更に、インターネット管理に関して「多国籍主権」アプローチを強く主張し、多数決による政策決定のモデルがどれだけ機能するかを示すため、「ネット世界」会議を主催した。二〇一四年一一月、国連はデジタル時代におけるプライバシー権を改めて支持する声明を発表した[44]。

インターネットの未来は、大量監視に関する暴露がいまだ続いており、どうなるかはわからない。ロン・デイバートが『黒い暗号』[45]で示唆するように、プライバシーを遥かに超えたもの、もしくは、通信そのものがここに絡んでくる。囲い込み——メディア企業や中央集権化した政府の手元に保持され公衆に開示されない情報――、秘密主義や軍備競争といった幅広い問題全てに連なっていく。スノーデンの文書は、デイバート曰く、「機密化された世界の奥深くで運用されていて、多数の市民だけでなく立法者にすら隠されていたプログラムの微細な部分を広く知らしめた」。

また、「我々は岐路に立たされている」というのが、デイバートが何度も繰り返す言葉である。監視のまん延についての分析が、今ほど重要な時代は過去にはなかった。分析は、個人への威圧、ひいては地球規模での戦争や平和、富や貧困にまで及ぶ。ブラジルのような国々からか、長年にわたって、特にスノーデン以降、監視問題に取り組んできた欧州評議会からなのかはわからないが、監視に対する何らかの新しい枠組みがどうしても必要である。デジタル通信のグローバルな性質に対応し、自国民と外国市民――この区別への疑問も出てくるかもしれないが――の追跡の適切なルールと監督が、現時点では不存在であることに言及する枠組みである[46]。

スノーデンの暴露とその世界的な衝撃を概観してきたが、今や一般の人々の日常生活への衝撃を考察する番である。スノーデンによって暴かれた活動が、いかに大規模で、徹底され、不当であるかを理解するために、全体像というものが不可欠である。加えて、いかに大量監視が全世界の政府と企業に触手を伸ばし、二面性を持つヤヌス的化け物であり、インターネットを手なずけようとする人々を求め掛け金を増やしつつあるのかを把握するために、それが不可欠である。

しかし、我々のほとんどにとって、家庭、仕事場、学校、娯楽といった日常生活上のささいな足跡を、あるいは、電車や飛行機といった交通機関を使った旅行を追跡することなどは、大量監視とはかけ離れていて圏外のことと思えるかもしれない。ここが問題なのだ。我々を取り巻く日々の生活につながるちょっとした通路こそが、監視の材料なのだ。どこにいて、いつ、誰と接触しているのかは「メタデータ」と呼ばれる情報の断片である。そこで、次の章ではメタデータに話題を転じよう。メタデータは、巨大さの響きがあるが、実際には、同じくらい、我々の暮らし全ての微小な詳細についてであったりする。

第三章　脅威のメタデータ

メタデータは特別に侵入的な性質を持ちます。分析者としてなら、私は物事の中身よりもメタデータを見るほうを選ぶでしょう。なぜなら、そのほうが手っ取り早く、容易で、しかも嘘がないからです。

エドワード・スノーデン　二〇一四年九月

二〇〇九年にドイツ緑の党の政治家マルテ・シュピッツはドイツテレコム社を相手取って訴訟を起こし、六カ月分の通話メタデータを引き渡させ、そのメタデータをドイツの大手新聞社「ツァイト」のオンラインに送付した。次にツァイトが、このメタデータの位置情報を、彼の政治活動を成すツイッターの投稿、ブログの書き込み、ウェブサイトといった全てインターネット上で自由に利用できる情報と組み合わせた。その結果は、彼がいつ、どこで、誰といて、他には誰がいたかを網羅した詳細な日記であった。彼の日常生活を生き生きと再構成していたのだ。通話内容を知ることは彼の生活のある重要な一部を明らかにするかもしれないが、メタデータによりもたらされる背景情報はそれよりはるかに豊かである。それは「我々の相対的地位、関心、価値観、我々が担う様々な役割」を示すからだ[1]。

スノーデンの暴露が開始されるまで、ほとんどの人は「メタデータ」という言葉を聞いたこともなかっただろう。しかしすぐに、ＮＳＡによる大量監視活動に関する論戦はその言葉をめぐり繰り広げられた。メタデータというこの言葉は無味乾燥な退屈な響きを持つが、その外見上の無害な見た目こそ実は人を欺いている。通信記録、使用された電話番号や通話時間から多くの推測がなされる可能性がある。しかしこのことが必ずしもメタデータを完璧な反テロの道具に仕立て上げていくわけではない。安全保障上のメタデータ使用はいまだに成果を示していない。さらに、メタデータ使用の負の側面は数多くある。それは罪のない人生を危険にさらし、侵入的な性質を持ちかねない国家の活動をきちんと抑制する民主的な規範を掘り崩してしまう。ある人々にとって、メタデータは脅威そのものなのである。

ホワイトハウスは二〇一三年に、五〇以上のテロ計画がＮＳＡの底引き網手法で見つかったとした。だが、その年の一二月のホワイトハウスＮＳＡ再調査委員会により[2]、また、二〇一四年一月のニューアメリカ財団の独自の分析によって、この事実は問い直されることになった。後者の報告書によれば、ＮＳＡがテロ活動と主張する二二五件のうち、四件のみが電話のメタデータ利用により発覚し、加えて、この四件の露見はいかなる攻撃の予防にもつながらなかった、ということがわかる。報告書はこう結論づける。「アメリカ人の通話メタデータの監視は、テロ行為防止にそれほどのインパクトを今のところ与えておらず、テロリスト集団の資金集めのようなテロ関連活動防止に微々たるインパクトを与えただけである[3]」。

しかし、メタデータに「成功」例が全くなかったというわけではない。ある事例では、元ＦＢＩ諜報員がイエメンにおけるＣＩＡ作戦の機密情報をＡＰ通信で働くジャーナリストに漏えいしたとして、裁判にかけられた。通話のメタデータがその人物を特定する鍵となった。歴代大統領の下では、機密情報漏えいに伴う起訴はたった三件である。オバマ大統領となってからはすでに八件も起訴されている[4]。多くの監視システムと同様に、メタデータも表向きの目的達成には失敗しているかもしれないが、メタデータには宣伝されている以上にたくさんの他の利用法がある。

メタデータは「ビッグデータ」の運用が始まってから、その利用はますます増加している。スノーデンは二〇一三年六月のビデオインタビューで、ＮＳＡは「全ての人の通信を標的にしていて、……それらを選別し、分析し、評価し、特定の期間保存する」と率直に語っている。(5) この証言は、スノーデンが暴露した文書によって裏打ちされるが、いかにビッグデータが今日の監視を生じさせているかを証明している。「全てを集めろ」がＮＳＡやその他の情報機関の狂信的な掛け声であり、これらの機関は、お抱えのソフトウェア専門家と統計学者を動員し、できるだけ多くのデータをもとにして実行しようと待ち構えている。「データ解析」とはデータの大洪水の中に意味のあるパターンを発見していこうとする専門用語である。この比喩から離れるならば、データ分析とは、諺の「藁束の中に針を見つける」ような希望を抱くのと同じ状態ともいえる。逆説的だが、より大きな藁束のほうが照明を当てやすく、針を簡単に探すことができるのだ、とＮＳＡや情報機関は言う。

世界観を一変させる「次の大きな存在」としてよく宣伝されるビッグデータは、スノーデンが暴いた監視国家のまさに中核である。インターネットの未来は、その民主的な潜在力と開かれたコミュニケーションという約束が監視の暗い影と感じられるものの中に陥るという意味で、明らかに捕捉されんばかりの状況だろう。データの扱われ方は、関連するが、異なる問題だ。ここでの鍵となる考え方は、少ないデータからではわからない新しい物事が巨大なデータからは見えてくるということにある。この考え方は幾つかの分野では牽引力があるが、多くの情報機関でおそらく無分別にも、一括採用されてきた。「全てを集めろ」という呪文が、世界中の通信安全保障の中枢で鳴り響いていても不思議ではない。

この章では、スノーデンによる暴露を、メタデータ、ビッグデータ監視、その能力および帰結との関係で見ていこう。現代の監視は、「ビッグデータ」の手法への傾斜が日ごとにいかに中核を占めるようになってきているかを見ずしては理解できない。このことを印象的に示したのがスノーデンによる暴露だった。

ビッグデータ、ビッグブラザー?

それではビッグデータとは何か。それは超巨大な実体というよりは、物事を行う一つの手法だと言ったほうがいい。データを扱う方法であり、実践と手順を指してもいる。まずは大きなデータセットから始めて、それから検索をかけて探しものに応じて集団に分類し、相互に関連付けながら、目新しいパターンを見つけていく[6]。そのためには、実際に数字をサクサク消化してくれるソフトや統計技術とともに、自分が何をしているのか、それを理念として捉える隠喩が必要となる。あらゆる組織がビッグデータ技術を使用しているわけだが、問題の一部はまさにそこにある。ある分野では比較的無害に見えるもの——例えば、好みかもしれない本や音楽を提案してくる、アマゾン・ドット・コムが用いるようなビッグデータ技術の使い方——は、他分野では極めて不適切かつ危険なものになりうる。

つまり、使用法によっては、ビッグデータは現実に人々を前例のないほど脆弱な立場にしてしまうかもしれないし、「ビッグデータ監視」はそうした領域のまさに一画にある。実際、ビッグデータはオーウェルのビッグブラザーと密接な関連性を持つ。ビッグブラザーの、二一世紀のデジタルな子孫たちとは、より密接である。我々の前に横たわる疑問は、ビッグデータが情報技術とネットワークに結びついた時、どれほど特定の監視傾向を強めるかということである。[7]これは特にスノーデン後に明らかになった権力と影響力の新しい配置に関わってくる。

他のあらゆる現象と同様、監視の方法は常に変化するし、ビッグデータ技術の適用は、今日、そうした変化を促す要因の一つである。古典的な監視研究は、フランスの歴史家ミシェル・フーコーの著作に倣い、規律を生み出す方法としての監視に着目した。人々は、刑務所や工場のような閉鎖空間で、見られているとわかっていれば自分の行動を変えたりする。しかし、端末からの痕跡を拾いあげ、断片化したデータを統合するといったネットワーク接続された技術の使用は、ある決まった場所を大きく超えて、より移動性の高い人々の監視を可能にする。この場合、強調点は、規律ではなく行動——例えば、ビルやオンラインサイトや特権へのアクセスといった行動——の管理である。[8]

こうした変化は、集団や個人に標的を絞った精査から、「行動に結びつく即座の情報」と時に呼ばれる関係パターンを求めて、大量追跡の方向へ確実に移行している状況と関連している。[9]ビッグデータ監視がその証拠だが、スノーデンによって暴き出されたＮＳＡの手法に何よりも現れている。この関連性はすでに認められていたが、[10]スノーデンの暴露により、かつてないほど多くの人の目に触れることになった。新しい潮流と古い潮流の拡大のどちらにも注目すべきである。

スノーデンの撞着語法――「万人を標的に」

もしNSAで起きている事柄が良くないことだとすれば、他の場所での事柄はもっと悪い可能性がある、とスノーデンは示唆する。イギリスではTEMPORAプログラムが「全てを飲み込んだ」とシュピーゲル誌のインタビューでスノーデンは語っている。[11] TEMPORAはより底引き網に似たものであるようだ。というのも、このプログラムは「全部取りの」インターネットバッファとして機能しており、メタデータだけでなく、メッセージの完全体や他のデータ記録もGCHQに吸い取っていたからである。それらはまるまる三日間保管され、必要ならNSAと共有される。UPSTREAMのジョイントケーブルやネットワーク盗聴能力もあり、これでどんなインターネット送受信も傍受できる。加えて、XKEYSCOREには情報をリアルタイムに抽出できるデータベースがある。[12] ここでのブラックジョークはこうだ。「標的にする」とは国家安全保障におけるかつての監視のあり方で、定義上、それは適用範囲が比較的限られていた。だから、「万人を標的に」というのは、矛盾である。

スノーデンによって暴き出された監視活動が、不完全ながらはっきりと示すのは、アメリカ、イギリス、カナダ、その他の政府が驚くほど巨大な規模で人々の観測に関わっていることである。更により重大なのは、政府の手口である。一方で、NSAは契約機関に自らの仕事の重責を分散し、同時に、主に電話やインターネット、ウェブ企業といった他企業から利用者のデータを集める。加えて、この種の監視では、NSAや同様の機関が、我々の日常のインターネット利用時に使用されるクッキーとログイン情報に目を光らせているということがわかる。

このように、携帯電話や位置情報を特定するソーシャルメディアサイトのような機器の使用からの抽出データが利用されている。フェイスブックやツイッターといったプラットフォーム上で、または自分の電話の使用時に利用者が知らずに漏らしている中身は、「国家安全保障」や警察の取締り目的に使えるデータなのである。だがもっと重要なことがある。利用者のメタデータは、当事者に気づかれることなく、単に機器の電源をオンにした時から拾い集められているのだ。

覚えておいてほしい、多くのことがメタデータから突き止められうることを。マサチューセッツ工科大学（MIT）のイヴス・アレキサンダー・デモントジョイは、名前を伏せたとある国の、一一〇万人分の会員番号と名前を消した三カ月分のクレジットカード記録をチェックする調査をした。すると、そのうち九〇％の人々についてはそのカード保持者の身元を、たった四つの断片情報——ツイート、インスタグラムの写真およびそれに準ずるもの——から割り出すことができた。なお、先立つ二〇一三年に行われた携帯電話の通話記録を対象にした同様の研究では、通話記録からなんと九五％の人々の身元を割り出すことができた(13)。

再び、このドラマの三人の主要登場人物に注意を向けよう。すなわち、政府機関、民間企業、更に、知らずしらずのうちに登場させられている一般の利用者の三者である。この集団を一つにまとめているのは、ある意味ソフトウェアであり、アルゴリズムであり、暗号である。なぜなら、系統だって利用者データを抽出し、開封して分析し、ＮＳＡなどのデータ収集者が望む「行動につながる」データに変換できるからだ。残念ながら、技術的な訓練を受けていないほとんどの人々は、アルゴリズムの実際の動作と、その社会的、倫理的な影響がどのようなものかを理解していない(14)。

明らかなことは、異なった種類の諜報活動に共通する(ビッグ)データ操作にとってアルゴリズムが中心的なものだということだ。アルゴリズムは形式的にはある問題への解決策を探す一つの手順かもしれないが、たとえ、しばしば「ブラックボックス」と考えられるにしても、独立で作動するわけではない。アルゴリズムは、利用者とともに結果を生み出すために作動する一つの複合体――集合体(アッセンブリッジ)というのが適当な専門用語だろうか――の一部分をなす。元々の意図を超えた課題のためにアルゴリズムの目標を再設定し、転換することもできる。言い換えると、アルゴリズムは、あたかも独立して作動するように機動させうるとしても、制御されているのである。

先に引用した二〇一三年六月のビデオ・インタビューでスノーデン自身が語っているように、NSAはあらゆる人の通信を対象にし、それらを選別し、分析し、評価し、一定期間保管する。それが目的達成のために最も簡単で、効率が良く、最も価値のある方法だからである。アルゴリズム解析はこの過程では、明らかに欠かすことができない。しかし、我々にはアルゴリズムの働きが十分に理解できないので、スノーデンのような物言いは、疑問に答えるよりもむしろ、より多くの疑問を生じさせる。

言えるのは、NSAが暗号とアルゴリズムに頼っているということ、加えて、電話会社とインターネット企業のどちらもが、監視のためとわかっていながら、もしくは知らないうちに協力関係にあることである。仕事や娯楽のためにソーシャルメディアのプラットフォームを利用したり、スマートフォンを使用する時には、個々の利用者もその一翼を担っているかもしれない。このドラマの中で彼らが果たす役割は意識的に演じる俳優のそれとはまずならない。たとえ、自らが演じている役割の自覚を時の経過とともに深めるとしても、である。従来の直接的で明確に狙いを定めた国家機関による個人の監視という、多くの人々が想像していた形態を超えて、大量監視は企業との緊密な連携に依存し、日々の通信や取引で使用される自動記録保存装置によるものとなっている。

アメリカにおける国家情報の収集は一つの巨大事業であり、年に七〇〇億ドルの予算が付き[15]、大学、インターネット企業、ソーシャルメディアや外部請負業者——スノーデンが機密に関わるデータを違法に持ち出した時に雇われていたブーズ・アレン・ハミルトンのような企業——と広範な結びつきを持つ。他に証拠がなくとも、こうした活動の経済的対価が、政府機関による、そしてグローバル企業によるデータ処理にどれだけ重点が置かれているのかを物語っている。しかし、洗練された処理能力を持つこれらの組織によって、どんな種類のデータがガンガン吸い上げられているのだろうか。

メタデータ上の干渉

メタデータは通信を遥かに超え、多くの形態をとる。例えば、自動ナンバープレート読取装置やワードプロセシングのプログラムもメタデータを生み出す[16]。通話内容をチェックし、テキストメッセージの内容を吟味する例外事例も存在する一方、極端に大規模なメタデータの収集と分析が、今回暴露されたＮＳＡが関わる類の活動の多くに見られる特徴である。スノーデンの暴露が二〇一三年六月に始まった時、政府と情報機関はメタデータの意義を軽く見せることによって、それらを手早く片付けようと即座に反応した。

アメリカにおけるメタデータの収集は九・一一以降、外国情報監視裁判所で「第二一五条　通話の大量メタデータプログラム」の下で許可されたが、同様のプログラムがカナダやイギリスなどの他の国々にどれだけ広がっているのかは不明である。しかし、カナダのCSE長官ジョン・フォースターは二〇一四年二月の上院公聴会を前に、「CSEの仕事にとって欠くことのできない」メタデータがどう使われて、共有されるのかについては口を閉ざしたが、メタデータがカナダで収集され蓄積されているとはっきり言明した。[17] 二〇一四年にカナダ国境サービス庁(CBSA)がサイト訪問者データを一年で一万九千回要求していたことも暴き出された。しかし、カナダのこの機関や他の機関に、どれほど頻繁に、どれだけの量のデータが要求されているかを言明する法定の義務はない。[18]

二〇一四年に、カナダのCSEが空港のWiFiシステムからデータ収集を行ったという記事がニュース媒体に出た。事実、それはIDデータ、つまりメタデータを使用して、旅行の行動様式と地理的な居場所を特定する一般的な手段であり、それはある企業のクォーバというサービスによって提供された二〇一四年一月の二週間分のIPアドレスのデータベースと連携して行われた。こうしたメタデータは、例えば、ある「容疑者」が特定のホテルに入る時に警告を発する設定に用いられるかもしれないし、特定の場所を繰り返し訪れた人物、多分、誘拐犯のような人物をチェックするのに用いられるかもしれない。この他のデータセットのあり得る使用法を考えるのに、想像力はほとんどいらないだろう。

安全保障の評論家ブルース・シュナイアーがはっきりしない言い方から一歩踏み込み、「メタデータは監視である」と明確に宣言したのはこのためである。彼が主張するように、マスメディアの分析ではどんな監視データが収集されているのかに焦点を当てるが、最も重要な疑問は、どのようにNSAがそれらのデータを解析しているのかなのである。[19] これは、その分析を司るソフトウェアとアルゴリズムを再び理解する試みになる。わかっているのはこういうことだ。一方で、NSAが地球上のモバイルネットワークをつなぐケーブルを活用し毎日収集する約五〇億もの携帯電話記録からは、利用者の位置情報の個人データを暴き出すことができる。それは世界のどこにいても同じである。我々がマルテ・シュピッツの事例で見たように、日常の出来事、交際、それと行動パターンは容易にメタデータから再構成できる。NSAは電話の電源が入っていれば、いつでも個人を自宅まで追跡することができ、それ以前の移動も再追跡できる。電話は使用されていてもいなくても、居場所のデータを送信し続けるからである。他方で、NSAは、より個人的な情報と利用者間の関係とをあぶり出すために、行動パターンの分析もしている[20]。後者はより目立たないものだが、ビッグデータの世界ではより重要である。

こうしたパターン追求の過程はビッグデータの運用が真に本領発揮する場でもある。例えば、Co-TRAVELERとして知られるNSAのプログラムは、極めて洗練された数学の技術を用いて携帯電話利用者の関係をマッピングし、他の関係とつき合わせて意味のある交点と相関関係を見つけ出す。Co-TRAVELERは海外の標的の協力者を探し出すためのものだが、自国利用者のデータもまた「偶然に」蓄積されており、それに外国の探索が加わるが、あまりに範囲が広いため大量にアメリカ人を含まざるをえない。こうしたことはビッグデータの技術的側面の一部を特徴づける、先述した検索、統合、相互参照の過程である。

だから、メタデータは脅威となりうるのだ。明らかにつまらないものも場合によっては恐ろしいものになりうる。我々の多くにとり、メタデータはおそらく重要ではなく、むしろ利益のあるものだろう。だが、NSAとその提携機関の手にかかると、メタデータは身元誤認や更にひどいことにも使われうる。カナダでは、アメリカ、イギリス、その他の国々と同じように、データの断片が間違って解釈され、九・一一以降、無実の人々を外国に引き渡して拷問や不必要な尋問にさらすことまで起こっている。

数種のアルゴリズムが使われ、ある特定の出自や経歴を持つ人々に対するステレオタイプな推定に基づき、互いに無関係のデータの断片を接ぎ合わせて、一見して犯罪者的な人物像(プロファイル)を作り出せる。そうした人物像は、一般市民は真の姿を隠しているものだと教え込まれた者たちによって、即座にテロリストとして認識されてしまうだろう。悪事を働いておらず、特に隠すような犯罪歴もない人々ですら、ビクビクして隠れなくてはならないようになる。

ビッグデータ監視

スノーデンの暴露を受けて、オバマ大統領が二〇一四年一月一七日に「ビッグデータとプライバシーの包括的な見直し」を呼びかけた際に、ビッグデータと監視との連携が確認できた。[21] NSAによるアメリカ人の通話傾向を探る大掛かりなデータ収集に対する新たな規制をアメリカ政府が提案したからだ。[22] かつては秘密であった通話記録の大量収集の問題は、スノーデンの暴露が二〇一三年に始まった時、プライバシー権の唱導者たちを大いに警戒させたものだったが、今では大統領自身がヨーロッパのデータ保持指令に従ってその範囲を縮小すべき、と提案している。しかし、大量の通話記録の持つビッグデータ的な側面がよく理解されているのかは不明だ。

監視の形態は常に変化し、現在も新たな数々の進歩をとげており、その一部は監視の性格を変える。種類の異なるデータが今では新しい方法で獲得され使用されている。それゆえに標的を定めた実際の監視と、しばしば「データ監視」(データベイランス)と呼ばれる監視の新形態とは、比較対照されることもある[23]。この概念はほぼ三〇年前、データ上の痕跡を分析することで特定の人間の活動を監視する行為を表す言葉として、ロジャー・クラークによって作り出された。今日では、この概念にはクレジットカードでの購入や社会保険の請求、携帯電話での通話、生体認証情報の取得、インターネットの使用も含まれる[24]。

データはいくつもの方法で獲得されるだけでなく、新たな手法で処理され、組み合わされ、解析される。九・一一への対応とほぼ同時期に社会に登場したソーシャルメディアは、今では多くのデータの源泉であり、商業的な目的に加えて「安全保障」目的にも使用される。ゆえに、ソーシャルメディアは「監視国家」を強化したといえる。現在の流行り言葉の一つが「データフィケーション」だ。この言葉は多くの企業にとり、情報インフラが自らの心臓であることを指して使う[25]。通常の利用者の社会活動はデータとして集められ、量化され、分類される。それがリアルタイム追跡と定点観測を可能にしていく。言うまでもなく、絶えずオンライン状態にあり、自分のデータの痕跡がどの程度膨らんでいるのか、多くの人は立ち止まって考えたりはしない。

だが、事態はこうしたことを超えている。例えば、ビッグデータの運用において、個人データ――身元特定が可能なメタデータを含む――は、ある限られた、特定の、明白な目的をもって収集されているわけではない。データ保護とプライバシー権を主張する人々が求める制限は効いていない。つまり、ビッグデータは、容疑者あるいは要注意人物を特定し、それから、被疑者情報を収集し、裁判所が傍受や捜索を認めていく、といった、これまでの警察による取締りや諜報活動の伝統的な順序を逆転させてしまう。今では大量のデータは、実際のまたはあり得る利用法がきちんと決まる**前に**、種々の情報源から入手集積され、アルゴリズム解析が行われる。これは、過去の出来事の推移の理解のためだけでなく、行動、事件、活動が動き出す**前に**予測し、干渉するためである。例えば、ほぼ全ての主要な財務取引と全ての航空機の乗客データは解析されている。これがまさに、『マイノリティ・リポート』や「犯罪の未然防止」効果である。この点で企業と政府のどちらの側も、分析や批評を要する疑問を浮上させる。

こうした、安全保障と警察の取締りでの予測の先制アプローチは、何も新しいものではないが、一九九〇年代以降、着実に増加してきている。九・一一以降は、テロ容疑者の捜索においてデータの過剰収集の誘惑は更に高じている。おそらく経費削減を掲げる政府部局にとってより重要なことは、処理能力の低コスト化が、新しいデータ解析を多分野で用いる強力な誘引となっていることだ。[26]リアルタイムのデータ解析が、小売、製造、健康医療、公共部門といった組織の様相を変える可能性は大である。安全保障と警察の取締りは、この二面性を持つ潮流によって影響を被る、多くの分野の一つにすぎない。ビッグデータの今後の成功を望む声が全体の空気を支配しており、批判的な問い掛けは、非常に多くの場合、取り除くべき騒音として扱われてしまう。

ビッグデータの応用の種類がここでは決定的である。例えば、イアン・カーとジェシカ・アールは、わかりやすく三種類の予測を区別している。すなわち、一つ目は、重要な予測。依頼者や利用者にとって有益でありそうなものを選ぶ手助けがここでは一つの目的となる。二つ目は、選好的な予測。これは市場で売買する人が我々のウェブを閲覧して、その履歴から我々の欲望を見抜こうとすることで説明される。三つ目は、先制的な予測。ここでは、他人の選択の幅を狭めようという前もっての意図がある。[27]法と正義の文脈では、この先制的な予測こそがプライバシーと公正な手続における重大な疑義を呼びおこす。法体系は刑罰という事後システムに基づいており、そうした中で未来志向の予防対策に基づくようにシステムを変更することは一大事である。とりわけ、そのプロセスを理解できなかったり、そのプロセスに実質的に加われない人々にとっては、由々しきことだ。

ビッグデータの能力

「ビッグデータ」という言葉は、大きさが鍵となる特徴であることを示唆している。人々とその活動に関する巨大な量のデータはまさしくビッグデータの運用によって生み出され、多くの企業と政府組織——とりわけNSA、GCHQなど——はいわゆるビッグデータブームの活用を望んでいる。しかし、大規模というこの目立つ特徴は重要な手がかりとなるが、単独では、誤解のもとにもなる。(メタデータ使用を含めた)ビッグデータの運用能力は、相互に関連するデータセットと分析ツールの拡大で監視強化につながっているが、これは全体の物語の一部でしかない。

第一に、この「大きな」データはどこから来たのか。情報研究者ロブ・キッチンは三つの種類があるとして、それぞれ監視の文脈で適用されると言う。誘導されたもの、自動化されたもの、自発的なものという三種類である。[28] 一つ目は、一人のオペレーターがデータを入手する場合で、わかりやすい例としては監視カメラ(CCTV)のシステムや情報機関が自動車登録を探すといったことが挙げられよう。二つ目は、オペレーターの介入なしにデータが集められる場合、つまり、銀行や小売店での取引や、特に携帯電話を使う通信から足跡が日常的に記録される場合である。これまで見てきたように、こうした例のいくつかはＮＳＡの業務の中にある。三つ目は、ソーシャルメディアなどのサイト上に情報を自ら筒抜けにする利用者自身により、データが弱い意味での自発性を伴って差し出される場合である。もちろん、ソーシャルメディアの利用者は自ら第三者にデータを差し出していると必ずしも気づいているわけではないが[29]、この文脈で収集される監視データを正確に理解するには、この三つ目の分類が必要である。

このように整理すると、ビッグデータの監視能力には更に新たな意味合いが生まれてくる。ビッグデータの商業利用への熱狂は安全保障分野の人々に共有され、こうした活動のより大きな統合が模擬的に実験される。インターネット企業によって市場調査のために集められた同じデータが、ビッグデータ諜報の文脈では、テロ容疑者や環境保護活動家の追跡といった異なる目的で用いられる。こうした文脈の変化は、ソーシャルメディア利用者(取締りの文脈では「データ主体」)が、自らのプライバシーをどう考えるかや、二次使用の法的制限の拡大解釈のなされ方を変えるのに十分かもしれない。だが、それにとどまらず、商業データと同じデータが安全保障分野では新たな意味を付与され、新たな方法で組み合わされ、関連付けられていくかもしれない。

スノーデンの暴露が教えてくれるのは、ビッグデータの運用によって安全保障に関連する個人や集団の特徴を消費者マーケティングの文脈から推測できる、ということである。データ研究者ルイーズ・アムーアはこうした推測を「データ派生物」と呼ぶ[30]。取るに足らず、ありそうもないものであったとしても、このような連想とつながりは安全保障／監視の文脈では、新たな意味合いを帯び始めるかもしれないのだ。これがデータを意味づけていた価値体系からも、当然ながら、データのもととなる活動を行った人々からも切り離され、一人歩きする。

ビッグデータの影響

ビッグデータの運用への傾倒から監視の強調点が変わりつつある様子がスノーデンの暴露によってわかった。そこでは三つの指令が機能しているようだ。すなわち、自動化せよ、先取りせよ、適応せよ、である。

〈自動化せよ〉

ほとんどの監視は、最も身近なビデオカメラの使用もそうだが、今では自動化されている。つまり、このシステムはオペレーターにリアルタイムで頼らずに機能する。ソフトウェアが入手しやすく比較的安ければ、監視活動も他分野と同じく、労働集約型ではなく、技術的な解決法を選択する誘因となろう。つまり、監視の自動化がますます可能になるということである。同時に、巨大化したデータストレージ容量のおかげで、ますます大容量のデータが使用法を決める以前に収集されるということであり(31)、その結果がどうなるのかはまだわからない。わかっているのは、アルゴリズムとデータセットに関する決定権を握りさえすれば、誕生しつつあるこうしたシナリオに影響を及ぼすことができるということだ(32)。

加えて、監視の自動化は、全市民を厳重に見張る不吉な国家陰謀というよりむしろ、監視が日常のマネジメントとなる一面を表している。ビッグデータの運用は、ＮＳＡのケースでは際立つが、別の場所では日常茶飯事でもある。監視の自動化は、数十年間、行政機関を方向づけてきた経費削減と効率化の流れである。多くの組織が一九九〇年代以降、大規模監視のコストに気づき、ますます利用しやすくなった自動化手続を非常に魅力的であると捉えた。どちらかと言えば局所的でバラバラな多くのプロジェクトが、今ではサービス利用者をよりよく理解し、より効率的な施政を行うという名目で、今やこの新技術を試そうとしている。[33]その結果は謀略的に見えるし望ましくない側面もありそうだが、多くの場合は、故意ではなかろう。

データベースの仕事は、何よりも政府各部局に関係する活動、人的つながり、行動、取引や動きを基にして個人と集団のプロフィールを作ることだ。これらのデータはシステム内に出現する人々を、常時力点を不規則に移しながら「作り上げる」。こうして、市場本位で新自由主義的な統制の論理は、個人をデータで「作り上げる」方法と合致していく。もし個人の人生の好機や選択を左右する「データ上の分身」の役割が主要な心配事となれば、[34]ビッグデータの肥大化はこうした懸念を強めてしまう。影響を受ける人々は、個人であれ集団であれ、危険な結果につながるより多くの「間違い」に遭遇するだろうし、このことは知られれば知られるほど、より多くの議論を呼ぶだろう。

ビッグデータに関連づけられた「ソフトな」監視の権力はマーケティングの分野で、「国家安全保障」において見られる「より硬い」形態と並列する形で、時には相互に影響しあって機能している。どちらの事業においても、有望な標的を特定するために、収集されたデータは使われる。商品を買わせるためか、犯罪者になりそうな者を選別するためかといった違いはあるが。マーケティングの標語は「あなたがどこに住んでいるかはわかっている」だったが、[35]そうした従来の人口統計学的な手法を超えて、一九九〇年代後半には、精神状態の計測といった、より心理特性上の範疇にまで広がり、その後マーケティングがオンラインに移ると、検索履歴を使って既存の分類に上書きされた、最新の消費者の一団を作り上げるようになった。特定の消費者を標的にするべくアルゴリズムはますます改良され、国勢調査や郵便番号（米ではジップコード）といった旧来の分類よりも、よりリアルタイムのウェブ利用に関連づけられている。これはサイバネティックな管理につながっており、そこでは正常でかつ正しい振る舞いとされる行動が消費者（もしくは雇用、健康、または教育の）行動のフィードバック回路に埋め込まれている。これもスノーデンの暴露に関して特筆すべき意義のあることである。

データベースの重視は、より直接的に組織や個人に言及する説明から、プライバシー擁護者などがしばらく前から主張してきたように、オンライン上の主体は定義困難だとする説明へと焦点を移すように迫る。ソーシャルメディアとインターネットの一般の利用者は古いタイプのプライバシー理論家が言うところの分割不能な「原子」であるだけではない。彼らは、ほとんどの人々がそうであるように、様々な人間関係――娘、教師、友人、隣人、保険外交員――に取り巻かれており、それが彼らの定義づけに役立つ。政治的に非常に活発な者もおり、彼らは頻繁に連携し合い、政治の場でビッグデータを利用する監視に疑問の声をあげている。人権法典と憲法は当然にプライバシーを認めるが、常時視野に入れて保障し続けるのはなかなか難しい。

監視の行われ方、受け取られ方にいくつか決定的な変化が起きつつある。今日の監視の多くは可動的で、目に見えず、私が「個人追跡装置」と呼ぶ装置――実際、携帯電話の正体はこれだ――を自分が持ち歩いているとは想像だにしない個々人の知らぬ間の参加に依存している。だが携帯電話は「ハイブリッド」なテクノロジーであることから、「個人データ」の矛盾した概念を育む。支払いという観点から、企業側は携帯電話データを利用する。請求書は身元を特定できる人々を教えてくれるからである。しかし、取り締まりの観点からすれば、このデータは「匿名」でなくてはならない[36]。同じく、もし我々がタブレットからラップトップを使っているとして、ログインの詳細とＩＰアドレスこそが、我々の追跡に使われるメタデータの決定的な側面であることなど、どうやって知りうるのだろうか。同じく、これらメタデータの断片が我々の振る舞いの**先読み**に、スノーデンの暴露で明々白々になった流儀で使われるなどと、どうやったら想像できるのだろうか[37]。今日の監視は、物理的空間とオンライン空間双方へのアクセスを制御するべく、古典的な国家監視の様式である垂直型であり、**かつ**、水平型、あるいは対角線型[38]ですらある。

ビッグデータ時代の監視は、このように、身体または人々に焦点を当てるだけではなく、我々の日々のオンライン上のやり取りから生まれる定義づけにも焦点を当てる。それは「データ上の分身」、つまりオンライン上の「表の顔」を「作り上げ」、今度はその実体がデータに関連づけられた人々の上に作用するということである。こうした「データ上の分身」は、更に、我々が何者で、何を欲しまたは望むのか——どういう人物になるかを含めて——を我々に知らせてくれる。アルゴリズムは我々を追いかけると同時にしっかりと捕らえ、利用者データの効率的な利用につなぐべく、更に多くの情報を生み出す。自由の価値とは、政治的な文脈でも消費の文脈でも、アルゴリズムに形作られ条件づけられているものだ、と利用者は気づくだろう。

ビッグデータの運用は、自動化された意思決定の利用を概して促し、人間自身の決定する役割を軽んじる。古典的で自由主義的な法の観点から見れば、政府システムの中での自動的な決定は、いとも簡単に個人の自由と財産を奪えるし、またそれゆえに、法体系の中での「公正な手続」や「公平な扱い」を求める声を惹き起こす。例えば、アメリカではコンピュータによって個人の医療扶助を打ち切ることができ、制定法で認められた財産権の剝奪もできる。罪のない個人が、例えば、義務を果たさない親とされてしまうかもしれず、財産の喪失、運転免許や職業上の資格の取消、更には社会的評価の低下につながり得る。(39)

アメリカ連邦政府の「蠅一匹見逃さない」(NO FLY)データ照合プログラムは、一部の人々に潜在的なテロリストというレッテル貼りをしたり、結果として航空機での移動を延期させたり拒否したりもする。この二つの処置はどちらも自由権の重大な侵害である。ダニエル・シトロンは、自動化は行政法が自由裁量モデルから脱却する駆動力になるだろうと示唆する。(40) にもかかわらず、公正な手続とは、自動化が、疑惑や告発や給付金打切りを理解したり反応するのを妨害または制限するときには、市民や消費者がそれに抗うことができることなのである。だが、その大前提は、市民や消費者が現在の状況を把握できているかにかかっており、これはビッグデータへの傾斜により不可能ではないが、とても望み難い。

〈先取りせよ〉

九・一一への政治経済的で社会技術的な反応が、ある重要な形で監視の「時制」を変える後押しをした。(41) かつて監視は広く過去の記録を見ることで疑わしい人やなびきやすい消費者の像を組み立てた。現在、リアルタイムな記録が急増していくにつれ、今この瞬間に何が起きているかを確実に知ることがいよいよ可能となっている。そして、少なくとも一九九〇年代以降、リスク管理の技術は将来の発展を予想し先取りする試みにますます向かい、他方でデータ解析が実際に軌道に乗り始めると、この先取りアプローチは次の段階に徐々に引き上げられた。

頻繁に謳われた「小さな点をつなげる」という考え方は、技術的には「先取り解析」に基づいている。ここでは、データを集積し、あさる目的は「知識の発見」であり、交友関係や通信から一見して「関心対象の人間」であるプロフィールができあがる個人や団体に疑惑の目を向けさせるデータのパターンを見つけ出すことだ。有名なテレビ番組でよくあるプロフィールだ。未来に起こりうることを予測するためである。言い換えれば、プロフィールとは、単に今の人物像だけではなく、今後そうなるかもしれない像を示唆するのだ。アーシュラ・フランクリンが一九九〇年に警告している。「行政インフラの緊密な網に組み込まれた情報収集、蓄積、評価の技術的可能性は、未来の一部を現在にあてはめて取り扱うことを可能とした」[42]。これは現在、リスク管理における重要な要素であるし、ここから容疑者特定に移行するのはたやすい[43]。

ビッグデータは我々の行動を**先取り**する既存の監視モデルに加わっていく。このシステムは、個人の断片化した詳細を把握しようと、非常に大きな数を扱う統計の力を使って、新たな知識の創出を試みる。先取りアプローチはビッグデータの応用全般にわたる。例えばグーグル・ナウは、この方法をまさに使って莫大なデータを彼らのフィルターによって組織しながら駆使する。そうして、利用者にとって重要かもしれない事柄、例えば、遅延したフライトやインフルエンザの早期診断の提供等を知らせる[44]。あらゆる人が、特にスマートフォンや他のいろいろなデジタル機器を通じて多くのデータを収集し、送信しあっている。

しかし、利用者がインフルエンザの情報検索をする時のように、ビッグデータが従来の分析方法の**補足**ではなく、**代替**していくと仮定するのは大きな間違いだ。予想に反して伝統的な分析の方法は、クラウドを情報源とする現在の方法と比較した場合、今でも高い有効性があることを専門家たちは実証している[45]。もしこれが疫学に関する真実だとしたら、（別のさらに伸縮自在の概念である）「テロリズム」関連のリスク分析には、どれだけ多くの注意が払われるべきなのだろうか。この場合、インフルエンザとは違い、正確で、確認可能で、すぐ働きかけ可能な情報を、決まった原則に基づいて提示する方法は存在しない。「テロリズム」という言葉自体が政治化されており、暴力的な活動家と非暴力的な活動家との区別がほとんど不可能で、かつ、ケースも少ないために、偽陽性と偽陰性の訂正をしても、あてにはならず危険でさえある。

こうした状況は、先取りアプローチが「潜在的な危険を予見しあたりをつけること[46]」にばかり関心を払い、個人の全体的な像にはあまり配慮していないため、悪化している。問題は、プライバシー規定とデータ保護が存在するにもかかわらず、プロフィールが組み立てられ、個人が推測されることにある。データと個人との間にある古くからのつながりは細り、ぼろぼろになった。プライバシー権は、どのようにしたら、ひび割れてやせ細ったデータ上の分身の像につなげられるのか[47]。先述の通り、選別と分析の多くが、身元確認可能な個人が視野に入ってくる**前に**実行されてしまう。こうした害悪は、必ずしも個人の潜在的未来にではなく、政治的主張をするまさにその可能性に向けられる[48]。

〈適応せよ〉

既に我々は、ビッグデータの多くの運用が異なるプラットフォーム間を横断して共通であることを確認した。しかし、ある状況下でグーグルには許容されることが、ＮＳＡが関わっていると受け入れ難くなることがあるかもしれない。グーグルは公のウェブを配列し索引をつける。そのデータセンターは衛星画像や「地理空間」データベースに組み込まれた地表レベルの写真を処理する。そうしたデータは特定の個人や組織につなげることができる。また、何十億という人々のｅメールや検索といった電子上の活動はグーグルによって把握され、アクセス可能な状態にある。

ＮＳＡはＴＥＭＰＯＲＡやおそらくＰＲＩＳＭのようなシステムを通して運営しているのだが、ＮＳＡの行動は本質的にはグーグルが行うことと似通っている――電話による通話の傍受、情報へのアクセスなど[49]――。しかし、そこに付加される要素としては、ＮＳＡが外国情報監視法（ＦＩＳＡ）を利用し、当局が関心を寄せる人物を調べる許可を受け、「例外者」は令状をとって徹底的に究明できることだ。これが可能になってからしばらく経つが、二〇〇五年にこの事実を最初に暴き出したのはＡＴ＆Ｔの前従業員マーク・クラインであった。ＡＴ＆ＴがＮＳＡに協力し、ＩＮＴＥＬＬＩＧＥＮＣＥ　ＴＲＡＦＩＣ　ＡＮＡＬＹＺＥＲに情報を流すスプリッターを介して、自らのシステムにアクセスさせていた実態を明らかにした。また、二〇〇六年にはソーシャルネットワーク分析のために、ＮＳＡがこの企業の通話データベースを利用したことが明らかにされている。二〇一三年にスノーデンによって暴露された情報によれば、アメリカ市民が外国の電話番号へかけた通話データの収集は、今も行われている。

興味深いことに、データの蓄積と分析の問題を解決することは、グーグルやヤフーのオペレーションにとって重大事であり続けている。ＮＳＡも負けじと、グーグルのビッグテーブルシステムを改良し、ＡＣＣＵＭＵＬＯというセキュリティーアクセスの多層性を持つプログラムを開発した。これは、相異なる利用者をいわゆる「セルレベル」で異なった扱いにし、データの機密性は全体を通して維持しつつ、同じデータへのアクセス権を利用者間に差をつけ配分する。このプログラムによって、インターネット全体に散らばるＩＰアドレスの一群に由来する言語やアドレスのデータパターンからほぼリアルタイムの報告書を作ることができる。いわゆる「反復子（イテレータ）」を通して、ＮＳＡに絶え間なく報告書を返していくパターンが現れる。こうして、ＮＳＡは人間関係と属性に基づく実体の間にあるつながりを可視化することができる。

おわかりの通り、このプログラムは、フェイスブックの「ソーシャルグラフ」に類似している。こちらは利用者同士の関係をマッピングするグローバルなシステムである。「ソーシャルグラフ」は世界で最も巨大なソーシャルネットワークのデータセットである。ＰＲＩＳＭによってオンライン上でクラウドのプロバイダーにアクセスする手段を得て、そこでＮＳＡは主にメタデータを探し求める。そうして円環は閉じられる。製造業の大規模施設のように見えるユタ州のＮＳＡの新データセンターは[50]、サイバーセキュリティーのために設計された巨大なデータ蓄積能力を誇り、ＰＲＩＳＭタイプのリアルタイムのインターネット監視の拡大を可能にするだろう。機密扱いにされ、正確な目的は公表されていないのだが。

プライバシー権を謳う者などにとって問題となるのは、これらの監視方法が合法なのか否かである。この手の批評家は時に、こうした行為は市民の自由とプライバシーの保護を規定する法律を侵害していると主張する。アメリカなどの国々では市民はこうしたシステムの標的とはされてはいない、と請け合う言葉は、市民やプライバシー権を擁護する人々を納得させるものではない[51]。国内の携帯電話の所在地に関する一部データが「たまたま」収集されていることもまた明らかである。そうしたデータは、ＣＯ－ＴＲＡＶＥＬＥＲとの関連で既に述べたように、利用者の相関関係をマッピングするのに使われるかもしれない。「たまたま」という言葉に注意してほしい。というのはこの言葉がプライバシーとその政治学にとって重要な問題を提起するからだ。既に見てきたように、メタデータは主に消費者とメディア利用者の世界からの多くの情報源に由来する。もともとは料金請求や広告のために収集されたデータの断片が、NSAなどの安全保障情報機関の手によって再利用される。データが元々の収集理由に無関係の目的に用いられる。データ収集の目的を限定し、当人に何が集められているのかを知らせるというプライバシーの基本原則は放棄されている。我々はもはや自分たちのどんな情報が安全保障組織に傍受されているのかを知ることはできない。情報利用についての承諾は言わずもがなだ。ことによると、元々の文脈ではほとんど問題とならないものが新たな文脈では重大な結果をもたらすこともあり得る。

重大さの区別も極めて重要である。ビッグデータ分析のマーケティング利用は単にテロ予防に際限なく拡張されるだけではないだろう。商売人であれば比較的少数の事例においてのみ正確な結果でも満足するだろう。それは、その一団に隣接する部分もまた、程度は下がるが、もうけになり得るからだ。そうした不正確さが原因で個人に降りかかる経済的な損害は、潜在的には深刻であろうが、商売人はおかまいなしだ[52]。例えばアマゾンが読者の興味を全くそそらない本を推薦するような場合、その帰結は瑣末である。

だが、ビッグデータという「藁束」の中にテロリストという「針」を探す試みには、明らかに問題が多い。概して、そんなテロリストの「針」は、賢く、決意も固く、発覚を免れようと、想像力に溢れた試みをする。針と藁束のこの議論には高い誤検知の可能性も加わる。個人が間違ってテロリストとして身元識別され得る。間違って身元識別されてしまった人々に対し極めて有害な衝撃をいとも簡単に与えてしまう。

次はどこへ？

スノーデンの暴露によって巻き起こった多くの議論は、メタデータと、またその延長線上の「ビッグデータ監視」と関係がある。スノーデンは以前には秘密であった多くの事柄を暴き出したが、我々が今把握していることもまだはっきりしないことを認めなければならない。その理由は、現実に発生することの多くは、ソフトウェアとアルゴリズムの暗号化した言語内で起こるからである。だが、かなりの程度はっきりとわかっていることは、データが生み出され、構成される方法が、常に最終分析の結果に決定的な影響をもたらすという事実だ。メディア史家のリサ・ギッテルマンが我々に思い起こさせるように、「生のデータというのは撞着語法である」[53]。データは常に「調理され」ている[54]。我々がいまだに十分理解していないのは、どのようにその調理法――データ分析のアルゴリズム――が生み出されているかということである。

ビッグデータ監視にとってまさに欠くことのできないメタデータというような用語でさえ、たとえそれが通話やｅメールの内容とは一般に区別されているとしても、明確な定義を欠いている。だがその定義が曖昧なメタデータは、絶え間なく安全保障や情報機関によって使用され、そのメタデータをふるい分けるアルゴリズムによって明らかにされるパターンが、そのデータを最初に作り上げた目的へと関連づけ返され、当局が関心を寄せる人々を含む集団が指定されることで影響を被る人々へ向かう。そうした人々は、他の者と同じく、メタデータやアルゴリズムが何かについてほとんど考えていないだろうが、当局が関心を寄せる人物に選別されることが何を意味するのかを、実際には否応なく知ることになるだろう。

こうしたこと全ては、更なる疑問を生む。二一世紀のプライバシーはどうなるのか。プライバシーという概念は、スノーデンのおかげで国家監視について我々が今現在把握していることのために試練に立たされ、脅かされてすらいる全ての事柄を包摂できるのだろうか。加えて、当局ににらまれている人々が自身のプライバシーを気にしだすとき、これがどのように、市民の自由と人権、あるいは民主主義それ自体への懸念に関連してくるのか。もし我々がスノーデンに端を発する監視の分析を完了できるのだとしたら、次に検討すべきなのはこうした疑問だろう。

第四章　ぐらつくプライバシー

あなたの権利は重要です。なぜなら、それがいつ必要になるかは決してわからないのですから。

エドワード・スノーデン　二〇一四年三月

ファイサル・ジルについて話そう。彼は愛国的なアメリカ人で、共和党支持者、海軍に奉職し、ジョージ・W・ブッシュ政権時代、国土安全保障省に勤務していたころには、ハイレベルのセキュリティークリアランスの地位にあった。現在は、地元で働く弁護士で、子どもたちをカトリックの学校に通わせている。二〇一四年七月九日にエドワード・スノーデンがグレン・グリーンウォルドを通じて明らかにしたところによると、テロリストや外国のスパイを標的にする秘密の手続をとり、ＮＳＡとＦＢＩが彼のｅメールを秘密裡に追跡していたのである(1)。

なぜか。彼はイスラム教徒なのだ。目につきやすい他の多くのアメリカ人イスラム教徒にも同様のことが行われていたことがわかった。二〇一一年の報告によれば、ＦＢＩは秘密諜報員に「主流のイスラム教徒」は、「暴力的で過激だ」と教えている(2)。ファイサル・ジルの事例もスノーデンのおかげで明るみに出た多くのことの一つにすぎない。どうしてこんなことが起きたのかと疑問が生じる。外国情報監視法は、九・一一後に起きたマッカーシーの赤狩りじみた行き過ぎ――ｅメールやソーシャルメディアといった電子的コミュニケーションへの警察や安全保障、諜報関連機関によるアクセス――を制限するはずだった。これは、プライバシー権、民主主義、人間の尊厳に対する挑戦でもある。

この事例は重要だ。なぜなら、ファイサル・ジルがNSAの視野に入る他の誰かのように、単に監視に引っかかりやすいからではなく、アメリカ人のイスラム教徒として特別な監視対象とされる集団に属すからである。彼のプライバシー権は他の何百万の人々と同じように傷つけられてきただけではない。明らかに他の集団に属す人々と彼らは異なるのである。民主主義社会に住むということは、政府が何をしているかを知り、必要とあれば、それを問いただす機会があることでもある、と彼は十分に知っている。だから、彼自身が監視されていたとわかり深く悩んだ。

プライバシーという言葉は、NSAとその提携機関が行ったことの適切性に疑問を持つ者たちの間で頻繁に登場する。スノーデン後の世界では、あらゆる色合いの政治的反対者たちの多様さをプライバシーが結びつけた。本章では、プライバシーが何を意味し、なぜそれが絶対必要なのかを探求する。プライバシーは、大量監視の何が誤りなのかを浮き彫りにするのに役立つ重要な概念であり、この目的のために、様々なレベルで適用され得る。プライバシーは大量監視への告発を支える他の規定、例えば、集会、言論、宗教、良心、移動の自由のような諸権利、社会を民主的に組織するための基本的な権利と密接に関係している。

スノーデン自身、プライバシーを重要な価値であると明言し、一つと言わず多くの手段を使ってでも維持されなければならないものであると強調する。例えば、最初の暴露から一周年となる二〇一四年六月に、プライバシーを理解し、「ネットを取り戻す」べきだと彼は訴えた。利用者は自らのコンピュータやデジタル機器を暗号化する必要がある、と。彼が暴露した類の大量監視に立ち向かう方策として、不必要で違法な監視に制限をかけると思われる人物に投票するという、政治的な手段を講じることも論じている。[3] さらに踏み込んで、大量監視は民主主義的実践と両立しないものであるから排除する必要があると、彼はしばしば語る。ここまで視野を広げると、ファイサル・ジルのような事例がある。スノーデン後の政治も彼の境遇に言及する。ただイスラム教徒であるという理由でなされたジルとその家族への特別な監視と公平公正な社会に住んでいることとのつじつまを、我々はどうやって合わせたらよいのだろうか。

本章は、プライバシーの通常の解釈から始めて、その後プライバシーのいくつかの異なる側面を考える。そして、民主主義的であれとの主張がある社会で、大量監視が是認されるべき程度を議論するところまで進もう。最後にこの議論が転じるのは、大量監視を許容し、プライバシーに圧力をかける社会が、実際に、政治の真の可能性を衰えさせているのかどうかという問題である。

擁護されるプライバシー――背景

国家主導の監視が浸透したところではどこでも、同種の問いが吟味されるに違いない。プライバシーは新しい形の脅威の下にある。脅威の感じられ方は国によって違うけれども、他人の、特に権力の耳目を気にせず、考え、書き、話し、普通に「自分自身でいる」ことができる領域を確保していることからくる個人的、社会的な利益があるということにはほとんどの人が同意する。プライバシーには多くの側面があると通常考えられている。自分に対する他人の接触を制限し一人でいる、つまり、「邪魔されない」ことの選択、秘密にする権利、個人情報と個性と親密さを手放さないこと、などである。[4] しかし、往々にして共同体的価値よりも個人に焦点を当てるように見える西洋諸国以外では、特にこれらの解釈は大きく異なる。

プライバシーとは、通常、自由な人間であることにまつわる「権利」や「市民的自由」と考えられる。国連人権高等弁務官は二〇一四年に、例えば、「監視はプライバシーや表現および結社の自由などを含む個人の権利を脅威に晒し、活気ある市民社会の自由な機能を抑制する」ということを我々に再認識させた。[5] 九・一一の攻撃を受け、「情報のプライバシー」を侵害しがちな国家安全保障の指針が制定されたことから、世界中でプライバシーへの重大な懸念を呼び起こした。個人のデータは、以前に比べるとほとんど制限されることなく、国境を素早く、頻繁に越える。重大な問題は、情報プライバシーは概して、身体的あるいは領域的なプライバシーよりも法律上軽視されていることである。

しかし、スノーデンの暴露が示すように、顔の画像(身体)や位置データ(領域)は、たいてい、人々や集団に関するもっと無味乾燥で一般的な情報のカテゴリーにまとめられる。民主主義社会に生きていることにもプライバシーは関係している。この社会では、政府が秘密裡に行うおそれのあることを制定法が限定し、我々は結果を恐れることなく政府に反対することができなければならない。民主主義政府は、中絶や安楽死といったことから、外国から延び外国政府の援助を受ける石油パイプライン、工場式の農場、鉱山に至ることまで、反対者の記録をなぜ取るのか。

なぜ、今日、プライバシー権や民主主義は監視の挑戦を受けるのか。どちらも長い闘いの歴史を経てようやく獲得されたものであるが、もろく壊れやすい。美しい陶器のように簡単に壊れるが、修復は容易ではない。暴かれた監視がプライバシー権や民主主義を砕き解体する脅威は、厳密には、いったいどれくらいか。そして、我々はデジタルの「ビッグデータ」の時代においても、これらの事柄を以前と同じように議論することができるだろうか。北半球では、世界中へのさざ波のような影響を伴いながら、九・一一がプライバシーに対する多くの挑戦をもたらした。[6] これを可能にした反テロリスト法は、時々は公に議論されたが、それを実施する政府機関は口を堅く閉ざしがちだ。スノーデンの暴露は、NSAや同類の組織の、閉ざされ強固に防護されたドアの向こう側でどのようなことが起きているのかを見せたにすぎない。

一九六〇年代以降、北アメリカやヨーロッパ、その他の警察部門がますます多くの住民組織を監視下に置く傾向があり、一九七〇年代以降は、国家安全保障の名の下に諜報や通信の当局が同じことをしてきたことも我々は知っている。[7] そして、一九八〇年代以降、この潮流がコンピュータ化によって大幅に拡大してきた、と多くの研究者が明らかにしてきた。[8] 以下に三点を示す。

第一に、情報とリスクが中心となる。一九九〇年代までに、治安維持や安全は、次第に情報操作の点から**定義**されるようになり、その理論的根拠はリスク管理であった。[9] それゆえ、九・一一以降のプライバシー、人権、民主主義への脅威は驚くべきことではないが、北アメリカでさえもこうした潮流に対する市民の反対は強固で持続的なものでは決してない。スノーデンの暴露によって、こうした挑戦に対抗する新しい劇的な機会がもたらされた。国際的な大量監視が一般市民の日々の生活に向けられているという証拠が新しい暴露ごとに増え続ける。

第二に、誰もが標的にされている。アメリカ人であれ、他国民であれ、「無関係の見物人」がNSAの監視網に含まれるということを大量監視は意味し、NSAによるアクセスの一〇分の九までが、無関係な人々へのものである。[10] 無数の情報源からの、ほとんどが些細で断片的で取るに足らない個人データの膨大な収集・保管・分析について把握すること、もしくは問題と見なすことさえも非常に困難である。だが、実際には、これまで見てきたように、プライバシーは皆に関わる問題である。

第三に、個々人は「作られて」いる。大量監視では、データの取扱い方がこれまでとは違う。個人からデータを分離するのだ。私はこれを「人物抜きの個人データ」と呼んでいる。このようなデータの寄せ集めからできたプロフィールは、しばしば特定の個人や集団に対する誤解、見当違い、危害をもたらす。このような没個人的なシステム内のデータで人々が「作られる」その様は、当人の現実の血の通った生活に起きる事柄からはかけ離れている。

プライバシー対監視

プライバシーは、スノーデンの物語の重要な部分である。例えば、グレン・グリーンウォルドはこう指摘する。政府や商業界がプライバシーは今日では重要度を下げていると言う時、報道担当者自身は自分の言ったことを信じていないのだ、と。アメリカでは、ダイアン・フェインステイン上院議員がＮＳＡのメタデータ収集は監視ではないと主張したことがある。オンラインでそれに抗議する人々は、彼女の電話やｅメールの相手の月間リストを接触の場所と時間の詳細付きで公表するよう彼女に要求した。彼女が同意したなんて、信じられない。なぜなら、グリーンウォルドが言うには、それは「プライバシーの領域の明確な破棄」だったからだ。[11] まったくその通りだ。

これは、プライバシーの概念が監視への対抗策として引き合いに出される典型的な形だ。この概念は、しばしば相当な成功を伴う大きな仕事、すなわち、監視に対する実態調査を促し、監視に制限を加えることを可能にする。しかし、政府による増え続ける監視、殊に大量監視を阻止しうる手段としてプライバシー概念を探求するためには、フェインスタイン上院議員がeメール、通話、個人的な訪問地のリストで公になるのを望んではいなかったであろうことよりも、もっと多くのことが考慮されなければならないと、グリーンウォルドはすぐさま同意するだろう。スノーデンの暴露内容は、一般市民に対する政府の監視であり、しばしば、国家安全保障の名目でなされ、直接的な脅威であると警察および諜報機関が信じる理由のある者への従来受け入れられてきた標的型の追跡をすっかり飛び越えている。

スノーデンは監視上のかなり大きな秘密にかけられたカーテンを開けた。電話会社、インターネット会社が関与しているのだ。DISHFIREプログラムによって、NSAは毎日、アメリカ市民の二億通のテキストメールをスキャンすることが可能になった。シュピーゲル誌によれば、NSAは一二二人の世界の指導者たちを彼らの携帯電話を介して偵察する。NSAはさらに、過去の会話でも「再生」可能なMYSTICと呼ばれるプログラムを使って、アフガニスタンといった国の、国内の全通話を傍受する。[12] NSAは暗号を狙い、それを破ったり抜け道を作ることで、インターネットのセキュリティを弱めている。NSAのTAILORED ACCESS OPERATIONSは、世界中のインターネットをハッキングし、そのシステムにマルウェアを注入する。[13]

NSAに対する怒りに満ちた非難のなかに、頻繁に「プライバシー」が登場したことは驚くに値しない。アメリカだけではなく、他の多くの国々の市民が、彼らの個人的通話、テキスト、インターネットサーフィン、eメールがNSAとその仲間によって精査の対象となっていると知った。しかし、このことについての議論は各国各様であり、世論調査の結果は、何がプライバシーで、なぜそれが大事で、危機にある時には安全上の理由から「交換」されても構わないか、という点についてのかなりの意見の相違を示している。ソーシャルメディアの発達に伴い、それまでの混乱の上に次のような更なる疑問が加わる。様々な個人情報や画像がオンラインで自主的に共有される場合、プライバシーは本当に大事なのか。スノーデンの暴露に対する適切な応答が何であるかを導き出そうとするならば、プライバシーによって何が意味されるかを知ることが不可欠だ。

例えば、二〇一四年に行われた国際的な調査によると、世界中の回答者の六四％が二〇一三年に比べオンライン・プライバシーに高い関心を持つ(14)。スノーデンの暴露以降、プライバシーに関心を持つ人の割合について、スウェーデンの四六％が上昇率の最低で、比するにアメリカは六二％であった。プライバシーへの関心は、ブラジル、インド、ナイジェリアでより高く、それぞれ八三％と記録された。アメリカ人もインターネット上の自らの情報の安全性を心配している(それが安全だと言ったのはたった三二％)。けれども、自身のプライバシーを改善するために何か策を講じた回答者は三六％にすぎない。インドでは六九％にのぼったのだが。

このような世界的なバラつきは重要であり、とりわけ、インターネットにどれだけ依存しているかの相違を反映している。アメリカ人の七七％が、インターネットにアクセスすることは基本的な人権である、と考えるのに対し、中国、エジプト、インドネシア、ナイジェリア、チュニジアでは九〇％以上がそう考える。ＮＳＡの活動方法の大部分が間違っているという合意は広まっており、このことはプライバシーへの関心の高まりの一つの好例だろうが、プライバシー問題への対応は、世界中でかなり多様である。関心を持っていると公言しても、必ずしもそれに対して何かしようとするわけではないのだ。

プライバシーが重要な理由

プライバシーは、それ自体が持つ重要な価値と、プライバシーが支えている民主主義の実践のためという両方の意味で重要である。監視の拡大に疑問を呈する強固な方法であり、不必要な、特に大量監視への反対を動員するための綱領として間違いなく最も広く使われている。その支持者および批判者の双方によってプライバシーが個人的なレベルにまでたやすく単純化され得るという事実は、それを放棄するための論拠とはならない。むしろ、どのような点でプライバシーが社会・公共の利益であるかを示すことは取り組むべき課題である。この概念は歴史的にも文化的にも相対的なものにすぎないこと、あるいは、日本語とかフランス語といった言語でさえも、英語の「プライバシー」に対応する一語を持たないこと、こういった事実もまた同じくこの概念の放棄の十分な論拠たりえない。逆に、それは、いかに文脈が常に重要かを示す論拠である。また、「プライバシー」は、監視がとるいくつかの形態の何が間違っているのかについて、あらゆる角度からはっきりと答えるものでもない。しかし、これはプライバシーを手放すためではなく、監視に疑問を抱く補助的な方法を見つける論拠の一つである。

紙幅に限りがあり、これらのこと、特にプライバシーの定義の不十分さへの批判を全て議論することはできない[15]。プライバシーに反対するかなり厳しい批評で知られていた人物として、私は申し上げなければならない。過去一〇年の間に起きた二つのことが私の立場の変更に影響を与えたのだ。一つは、監視問題がより緊急度を増し、監視の負の側面に反対する共通の論拠を見つける必要性の優先度が上がったことだ。もう一つは、プライバシーの定義が、抽象度の高い個人主義的で時にエリート主義的な側面の強調から、我々の日々の現実生活と関連のある側面を強調するような歓迎すべき定義に変化していることだ。プライバシーは共有財産の一つである。

第一に、プライバシーは公共政策に関する事柄であり、そのようなものとして、いまや大西洋の両側だけでなくその他の地域でも、共有財産になっている。コンピュータ化によりますます、個人情報の処理の問題が特異でたまに起きることに限られ得ないことになり、多くのプライバシーおよびデータ保護法が作られた。まず最初にクレジットカードや社会保障番号を使用する人々が、次にデジタル機器を使っている人が、システムエラー、詐欺、セキュリティー上の抜け穴に対して、あるいは個人データの許可なき一次もしくは二次利用に対して、ますます脆弱になった。プライバシー政策は、これらの事柄を公的に重要であるとしている。そして、監視がＮＳＡのような政府機関とその提携機関によって特別な令状なしに、透明性や説明責任がほぼなく、あるいは全くない状態で行われている場合には、このことはいっそう当てはまる。

第二に、プライバシーは孤立して存在しているわけではない。文脈によって何がプライベートと考えられるかは異なり、このことは広く普及しているオンライン上のやり取りにおいてはなおさらだ。[16] 多くのソーシャルメディアの利用者が自由かつ頻繁に投稿するという単純な事実は、彼らがプライバシーへの関心を欠いていることを必ずしも意味しない。様々に変動する環境下で何が秘密にされ匿名で保護されるべきかをニュアンスを含んだ形で理解していることを示唆する。例えば、カナダの若い人たちは、自らの投稿、そして特に自らの写真については、拡散に対する制限の必要性についてとてもはっきりしている。また、彼らは、ある状況下では警察が彼らのデータへのアクセスを許されるべきだと考えているけれども、その他の例えば、教師のような者は彼らのソーシャルメディアのページを見ることができてはならないのである。[17] つまり、ある種の監視は全く許容されないとはっきりさせた上で、プライバシーの規制には右のような区別に対処できるほどに柔軟性があるべきだということである。[18]

第三に、プライバシーは監視が持つあらゆる側面に目配りできはしないが、プライバシー政策は両者の連関を担保する意図をもって絶えず改良されてきた。例えば、プライバシーは個人を包むあぶく、越えるべきではない防壁を形作るものとして不十分な形で解釈されてきたかもしれない。しかし、政治学者コリン・ベネットが指摘するように、プライバシーの理論家や政策立案者は、我々が個人データを処理する組織との幅広い関係を**既に持っている**、と認識している。

だから問題は、この一線は越えられないというようなプライバシーについて、というよりも、むしろ、監視とプライバシーとの関係がどのように扱われるか、そして、どの程度、我々のデータを握る組織を信用し、彼らの手元にあるデータの全般的な管理を委ねることができるかである。[19] 電話会社やインターネット会社がＮＳＡと共働しているとスノーデンが暴露したとき、あのようにスキャンダルが巻き起こったのは、まさにこのためである。一つの目的のために収集され、詮索好きなまなざしからは守られることになっているはずの情報が、実際は、他の、ヴェールに覆われた、説明責任を課されていない組織によって使用されている場合、個人と組織との間の信頼は崩壊する。

ベネットの論点をさらに先へ進めてみると、プライバシーを重要な価値と見なす主な理由は、それが人間を関係として見ることにある。個人主義者の用語で考えられたプライバシーには、痛ましいほどの欠陥がある。関係を持つことは、人間であることにとって基本である。[20]キャサリン・フィスチが言うように、人類が繁栄するためには、「相互理解と多様な信頼関係に基づく人間同士の相互依存」が必要不可欠である。[21]二〇世紀初頭に、ドイツの社会学者ゲオルグ・ジンメルは、我々の他者への関わり方は、その他者について我々が何を知り、何を知らないかに深く依存していると指摘した。[22]この場合も、プライバシーは他者への配慮の倫理につながっている。

つまり、プライバシーは必要不可欠な価値である。そして、相互依存と信頼にとって配慮は当然である。より多くのものが必要かもしれないが、プライバシー以下ということはあり得ない。この概念は規制や行動を促し、共通の利益に資する。プライバシーは、民主主義と価値ある生活に不可欠な要素である。時には、プライバシーは抽象的で現実離れした理想として狭く認識されるが、このような捉え方は、プライバシーが適用される実生活の状況を正当に評価し損ねている。[23]この概念は、空間的側面を強調し、社会的選別のような監視が持つ社会正義に関わる側面を無視しているとも批判されてきた。誤りは、プライバシーを人権というより広い文脈で捉えるのではなく、「情報の管理」にまで狭めることから生じる。プライバシーは歴史的に見ても文化的に見ても相対的なものだ。今日に至っても、デジタル時代に合わせて変化し続けている。プライバシー概念の有効性をいかに維持するかという更なる疑問を浮上させるからだ。しかし、これらのことが単純に、あるいは決定的にプライバシーへの反論に行きつくことは決してない。

それゆえ、プライバシーはその発現形態においては、度を過ぎた令状なしの監視への反対を形作る力を持っているため、足がかりになる。この観点からのプライバシーをめぐる議論は、政策や実質的な改善を助ける。プライバシーの専門家ヴァレリー・スティーブスは「プライバシーの狭苦しい従来の概念は、人間の尊厳や民主主義的な諸自由を擁護する人権モデルに由来する、より強力な言説に取って代われつつある」と述べている[24]。この見解の人々と手を携えていけるかが死活問題だ[25]。なぜなら、彼らは、監視を制限することと、プライバシーという一つの概念――何十年もの間、公共政策の分野でこの目的に役立ってきた概念――の限界の中で仕事をすることとの双方の必要性に十分気づいているからだ。

内部告発者、ジャーナリスト、その他の標的

二〇一五年初めにスノーデンが暴露したいくつかの資料は、ＢＢＣ、ロイター、ガーディアン紙、ニューヨークタイムズ紙、ルモンド紙、サン紙、ＮＢＣ、ワシントンポスト紙のジャーナリストのｅメールが二〇〇八年にＧＣＨＱによって傍受されていたことを明らかにした[26]。どうやら、ｅメールから無関係なものを取り除く新しいツールの試験中であった。これらの資料は、調査報道のジャーナリストはテロリストやハッカーと並んで脅威と見なされているという事実を物語り、注目を集めた。ある機密資料は、軍事諜報官らに対し「あらゆるタイプのニュースメディアを代表しているジャーナリストや記者らは安全への潜在的脅威だ」と注意している。

英国では、新聞社やその他のメディアの編集者一〇〇人以上が、ジャーナリストの通信を詮索したこの行為に抗議するデイビット・キャメロン首相への書簡にサインした[27]。ＮＳＡによる、ジャーナリストやその他の人々の通信の傍受および分析への、さらに広がりの大きな反対が、ヨーロッパやアメリカの各地で

起こった。例えば、毎年七月四日のアメリカ独立記念日に行われる、「第四条(合衆国憲法修正第四条)の回復を」での抗議がある。市民的自由を制限する行為へのこのような抵抗は、ことが人権へのあからさまな脅威であることからしても、道理にかなっている。民主主義は自由な報道にかかっているのだ。

スノーデンの暴露の重要な結果の一つは、オバマ大統領にインテリジェンスおよびコミュニケーションテクノロジーに関する大統領の検討会による報告を命じることを促し、『NSA報告書——変動する世界における自由と安全保障(二〇一四年)』としてそれが公表されたことである(28)。重要なのは、この報告書がプライバシーと市民的自由双方について述べ、人権に直接関連づけていることである。執筆者らは、「現在の政府による大量のメタデータの保管は、市民の信頼、個人のプライバシー、そして市民的自由への危機をもたらす(29)」ことを認めている。オンライン上で脅かされる可能性のある自由や権利としての市民的自由は、プライバシー概念をはるかに超え出ると彼らは明確に述べている。我々が見てきたように、スノーデン後の人権への要求は、二〇一三年の国連総会でのブラジル大統領ジルマ・ルセフによるスピーチにも聞き取れる。

したがって、プライバシーそれ自体を権利であると考えることもできるが、NSAやその他の機関によって会話が盗聴されていたら、率直に意見を述べる、異議を唱える、記者として真相を究明するといった他の権利もまた問題となるだろう。世界人権宣言一二条は、「何人も、自己の名誉に対して正当な理由なしに、攻撃を受けることはない。自己の家庭若しくは通信に対して干渉されることはない」と謳う。

二〇一四年七月一六日、国連人権高等弁務官は、「政府による監視において透明性が欠如している由々しき事態は……(30)」人権の破壊をもたらすと非難した。表現の自由を謳う世界人権宣言一九条もスノーデン事件に関係する。自由な言論も大量監視によって危険に晒されているのだ。プライバシーは全てに関係するが、問題となっている他の権利は、過度で令状のない違法な監視に反対する大きな根拠を与える。プライバシーを権利として模索することは、それらの権利をも強固にすることにつながるだろう。

ここ二〇年で、監視は不公平に分布しているということが次第に明らかになってきた。つまり、ある集団の人々は自分たちが他の者たちよりも厳しい監視を受けていると気づいている。データが一定の方法で処理されることから、ある特定の集団が不公平な形で差別されるのだ。九・一一以降、例えば、北アメリカ、欧州、その他の空港のセキュリティチェックで、茶色い皮膚の人々、特に「ムスリム」や「アラブ」の特徴やプロフィールを持つ人々に、人口分布にそぐわない多数のチェック通過の遅れや留置という結果が生じている。ファイサル・ジルの例を思い出してほしい。さらに、すでに社会の周辺に追いやられている集団、例えば、アメリカにおけるアフリカ系アメリカ人、欧州における南半球からの難民、どこであれ貧しい人々は、社会福祉の追跡監視システムや信用貸付け格付けによって、不利な立場へと選別されてしまうことを目のあたりにしてもいる(31)。

スノーデンの暴露からも、大衆の抵抗や政治的な反対意見を窒息させる政府の企ての程度がわかる。私はカナダのCSEとNSAが協力して二〇一〇年のG8とG20を監視したと先に記した。その秘密裡のサミット監視は、潜在的な「トラブルメーカー」を詳しく調べあげ、彼らがトロントまで鉄道で来るのか、車で来るのか、来たらどの催しが妨害され得るのかを探ることまでしていた。例えば、インターネット追跡部隊が王立カナダ騎馬警察(連邦警察)によって配置された。ただ、これがどのように機能したかを明確に示すことは困難である。同様に、「トラブルメーカー」とは誰なのかがどのように判断されたのかも不明である。しかし、はっきりしていることは、より慎重に制限された監視の実施でも、実際に起きた予測しうる出来事を防ぐのに十分であろうということだ(32)。

トロントのG20での抗議は、参加者の一部の、そして警官の不必要な路上での暴力を伝えるTV映像によって有名になり、アムネスティ・インターナショナルからの公開質問の要求や残虐行為に対する著名な人々からの批判を招く結果となった(33)。私の友人である学生は、抗議活動の一環である徹夜礼拝に参加していて、彼のバックパックに入っていた仲間に果物を切ってやるためのポケットナイフが「危険な武器」であることを理由に逮捕され、重い罰金刑を受けた。神に対してであれ、仲間の市民に対してであれ、自らの見解を公に表明する者をおびえさせることが、当局の目的であるのは明らかだった。

だから、プライバシーを万人に認められている価値であるとする、監視に対する権利本位の取り組みを追求することは重要である。しかし、「容疑者」集団として標的にされ、つまり、監視による社会的選別を通じて不公平な差別に直面する人々との関係で、この概念を強調する取り組みもまたそれに劣らず大切である。プライバシーはこれらの広範な問題への跳躍台である。権利本位の取り組みは重要であり、非常に重要な配慮の倫理といった他のものと並ぶものだ(34)。公平に扱われる権利があれば、自身を表現する権利もある。状況次第では不利な立場に立つ権利すらある。抗議、反対、内部告発といった問題は、さらなる問題を浮上させ、それがまた監視と民主主義の問題を提起する。

スノーデン事件以降、多くの国々で、反対者、抗議者、内部告発者、政府や企業権力を批判する者は誰であれ、特別な精査の対象とされる可能性が高いことがますます明らかになっている。スノーデン自身がそれを証明している。NSAの違法行為に対するスノーデンの不満の訴えに、NSA内部から賛同を得ることができないとわかったから、彼は市民的不服従を決めた。ペンタゴンペーパーズ事件で有名なダニエル・エルズバーグから、NSAの行為を暴露したウィリアム・ビニーやトーマス・ドレイクまで、アメリカにおける他の内部告発者に対する攻撃や告訴のことを考え、スノーデンは知り得たことをジャーナリストと共有し、国外の安全な場所に逃れることを選んだ。

スノーデンは、内部告発者として話すことやメディアによってニュースとして取り上げられることを選ばなかった。その代わりに、映画制作者のローラ・ポイトラスと調査報道ジャーナリストのグレン・グリーンウォルドと接触し、彼らと暴露の仕事をともにすることにした。ジャーナリストたちはこうして一連の暴露に献身し、関与したのである。ガーディアン紙(イギリス)とワシントンポスト紙(アメリカ)が実際に報道を開始したが、サウスチャイナモーニングポスト紙(香港)、シュピーゲル誌(ドイツ)、オ・グローボ紙(ブラジル)、レスプレッソ誌(イタリア)、ニューヨークタイムズ紙(アメリカ)などの新聞や雑誌も役割を果たした。

マスメディアの一部は、最初からスノーデンに汚名を浴びせ続け、裏切り者とか、さらに悪い言葉で彼を中傷した。アメリカ政府による報道機関の締め付けは、しばしば、他の主要なニュースについても、一般市民がその重要性を認識しないようにしてきたが、一般市民がスノーデンを忘れ、彼の行為の重要性から注意を逸らすよう、今回も大いに画策した。かなり公平にスノーデンについて報道していたように思うニューヨークタイムズ紙でさえ、スノーデンを「内部告発者」と呼ぶのが適切であると宣言し、「プライバシーと膨張する諜報関係機関のより厳正な監督とを訴える人生への希望」が彼に与えられるべきだ、とはっきりと述べたのは、二〇一四年の元日だった。(35)

このことについて、他のいくつかの側面も強調されるべきだ。情報管理の世界においては報復への恐れは強い。政府による監視の強化によって、往々にして萎縮効果や自己検閲が生じるだろう。PENが二〇一三年に行ったアメリカの文筆家に対する調査にこの顕著な例が見られた。スノーデンの暴露後、文筆家の六人に一人が、報復への恐れから言いたいことを制限したり、特定の話題を避けたことがわかったのである。[36]このような萎縮効果は、市民的自由や人権にとって重大な問題だ。こうしたことは見えやすいものでは決してないかもしれないが、その帰結においてはどれもまさに現実なのである。

これと並んで、二〇一四年に発表されたピュー・インターネット・アンド・アメリカン・ライフの調査は、アメリカ人の多くがスノーデンの暴露したことについて、ソーシャルメディアを使って議論することを控えていることを示した。調査対象者の八六%がオフラインでなら大量監視を話題にすると答えたのに対し、たった四二%だけが危険を覚悟の上でソーシャルメディアで議論するというのだ。スノーデンについて友人と対面で議論すると回答したソーシャルメディアの利用者でさえ、ソーシャルメディアを使わない人々がそうするほどではなかった。この結果は、フェイスブックがスノーデン後の議論で名前が挙がった会社の一つであったことを反映しているのかもしれない。それにもかかわらず、このような事柄について議論するには、ソーシャルメディアは、オフラインでのやり取りと比べ、利用者がより自由を感じる空間では必ずしもないということを少なくとも示唆している。[37]

このことがある程度はっきりと示しているのは、スノーデンの暴露後では、世に言う安全の選択は、まさに自由の対価であるということだ。人々はますます疑い深く、用心深くなっている。恐怖の亡霊はあちこちにいて、「テロリスト」の攻撃とされているものに慌てて無分別に反応した政府によって形成され、マスメディアによってさらに誇張された。これは、信頼と他者への配慮に対する深刻な破壊行為である。不確かさや不信によって引き裂かれるまで引っ張られる場合、いかなる民主主義にとっても不可欠な協調は、どのように育まれ得るというのか。ある話題について我々が話すことや書くことを恐れるとしたら、民主主義、人間の尊厳、政治的議論は無きに等しい。

民主主義と監視――安全が政治を打ち負かす

そもそも大量監視は民主主義と矛盾するものではなかろうか。監視と民主主義は不安定で緊張をはらむ関係にあるというのが公平な見方だ。監視は自由を制限し、民主主義を妨げ、ジョージ・オーウェルやハンナ・アーレントの懸念が有名だが、最悪の場合には全体主義に導く。一九五〇年代、六〇年代に全体主義を考察した政治思想家であるアーレントにとって、国家がその支配を強める兆候には次のものがある。状況に応じて変わる「標的となる敵」をその時々に名指しすること、秘密の警察組織――「国家内の国家」――を有することである。この組織の業務とは「犯罪を摘発することではなく」、政府が特定の分類集団に属する住民層を逮捕する決定時に即応することだ(38)。我々がスノーデンによって暴露された現実に直面する時、これらのことは警鐘をならしていないだろうか。

とはいえ、監視機関で働く人々にとってこのことに気づくことは至難だ。スノーデン自身、NSAのような組織において、毎日の決まり仕事が職員らを鈍感にすると語っている。監視は机上の仕事で、コンピュータのスクリーン上でデータを処理することだ。彼らは、監視が人々の将来に悪影響を与えるに足る、他人の人生を変えるような侵害行為であることを簡単に忘れてしまう。アメリカだけで数万人もの職員がこれらの組織で働き、九・一一以降、諜報業務の伸びは相当なものである[39]。かなり異なる文脈と時代についてだが、アーレントが、見たところ人間味のある市民でも公務上の官僚的立場で行動するときには、知らずしらずのうちにホロコーストが起きるのに一役買ってしまうものだ、と述べているのは驚きではない。彼女はそれを「悪の凡庸さ」と呼んでいる[40]。

だが、民主主義とは何か。人民によって権力が行使されることか。平等な発言権のある公開の手続か。公的領域を公的なものとして確保するための闘いか[41]。民主主義は有効な意思決定に貢献し、権力の腐敗を抑えると言われたりもする[42]。監視と関係のある民主主義の重要な側面に、市民に対する政府の説明責任がある。これは、市民が情報へのアクセス、そして、政府を吟味するための自由な報道機関を必要とすることを意味する。市民的自由や人権はこれらを守る。問題は、二一世紀において世界はオーウェルやアーレントが警鐘を鳴らしていた時代から変化しているということだ。現代の国家は、**私企業国家**であることがほとんどだ。民主主義的理想へのリップサービスはあるが、同時に真の政治参加は非常に困難である[43]。さらに、スノーデンによって暴露されたが、監視機関がはびこり、これが民主主義にマイナスの、ともすると致命的な影響を与える。

前述したように、監視は介入のための継続的な調査である。急速に発展する監視は、見える範囲の広がり方を変える。今日では、監視は生活の奥深くまで普及し、心配なのは「過剰」な場合だけになっている。一般的に、監視の拡大は批判の対象というより必要なことと認識されているようだ。大量監視が民主主義にとって危険で、民主主義の制度や政治への信頼を損なうと見るような人はほとんどいない。もちろん、いくつかの側面では、民主主義が監視に依存していることも事実だ。「一人一票」を確認するための市民のリストは、国家権力を増大させるためにも利用されるかもしれない。投票者リストや市民の登録は、過去の社会においてそうであったのと同様に、現代社会においても、さらなる発展に必要な良い効果を生むかもしれない。[44] このような両義性は常に存在し、監視の問題を一筋縄ではいかなくする。しかし、だからといって、監視が中立的であることには決してならない。現に民主主義の基本構造となる支柱を蝕んでいる、見たところ制御不能な監視のありのままの現実から、我々は目を逸らすべきではないのだ。

同様に、監視の弊害としては、市民的平等も社会分類上の選別によって侵害され、投票制度なども標的にされるおそれがある。顧客の好みに関する情報に基づくインターネット上の各人向けの限定情報ですら、個人データの分析によるものだ。それが、インターネット批評家のイーライ・パリサーが「フィルターバブル（フィルター付の泡の層）」と呼ぶものを作り出す。フィルターバブルの中で、我々は開かれた議論に参加するというよりもむしろ、閉じた空間のために生じる「個人化」の反復反響効果で自身の見解が補強されるのを感じる。[45] これによって、他者の見解や行動への関心が低くなる。そのようなフィルターバブルは、大量監視といったぼんやりと不気味に現れつつある問題から注意を逸らし、情報を遮断され受け身にならざるを得ない市民を作り出す上で、重要な役割を既に果たしていると考えても間違いではあるまい。

さらに進んで、スノーデン後の時代を生きる我々は民主主義と政治自体の双方から遠ざかったのかもしれない、と憂慮する人もいる。九・一一以降、政治より安全が優先するようになったのは明らかだ。ひとたび危機が認識されると、緊急の対策がとられる。例外状況は即時の目に見える適切な行動を要求する。イタリアの哲学者ジョルジョ・アガンベンが言うように、問題はこうだ。公共の利益のために法が一時的に停止した「例外状況」は、緊急時には必要とされるかもしれないが、その例外状況は短期間の、限定的なものであるべきものなのだ。しかし、今や、機密指定の「国家をゆるがす事由」が例外状況を永久のものにしてしまう。二つのことが生じるか、あるいは何も起きない。前者の場合は、安全の定義があいまいであり続け、例外状況が公式にも宣言されない事態が生じる。[46]

第一の問題は、安全は優先事項に繰り上がるが、実際に安全が意味するものは曖昧なままであることだ。一〇年以上も世界政治を、そして日常生活上の様々な現実を支配してきた「安全」の掛け声に明確な定義がないのは驚くべきことだろう。このスローガンは、もちろん、異なる文脈で様々に使われている。貧困からの脱出を援助することは安全の追求と解釈できるという考えは、今のところ南半球ではそうではないが、北半球の多くの国々では、テロリズムの制御という意味の安全に取って代わられた。[47]

犯罪学教授のルチア・ゼドナーは、安全は道に迷った消防車のようなものだ、と印象的な言葉で述べた。消防車は、他の道路使用者を危険に晒してでも、ライトを点滅させ、サイレンを鳴らしながら市街を走り抜けることが許される。彼女は、賢明にもこう続ける。「安全の追求は、事の緊急性と重大さに訴える。それは、優先順位、手段、対立する利益に関する議論を封じ込める。安全を引き合いに出すのは、ある政策の賢明さや必要性に関する議論を打ち切ることになる」[48]。安全が最重要課題になるのだ。

ありがたいことに、このことは、例えばアメリカの『NSA報告書』のような、スノーデン後のいくつかの重要な文書において認識されている。報告書の執筆者らは、安全は「国」と「個人」という単語それぞれを同じ重みで形容すべきだ、と明確に打ち出している。[49] 続けて、後者は、修正第四条の権利「不合理な捜索及び逮捕・押収から、その身体・家屋・書類及び所有物の安全を保障される……」を含むと述べる。

また、彼らは、安全に対するこれら二つの解釈の間で「バランス」が取られなければならない、という狡猾な見解を完全に拒絶する。「自由な社会では、公務員は、政敵を罰するため、言論や信教の自由を制限するため、正当な批判や異議を抑制するため、特定の企業や産業を助けるため……等々のために、決して監視に関与してはならない」と宣言する。[50] しかし、これらの言葉に注意が払われるだろうか。

プライバシーと安全、もしくは、自由と安全との間の「バランス」や「折り合い」について頻繁に耳にするが、その頻度に匹敵するのはその内容のうつろさだけだ。法律専門家でこれを好む者もいる。彼らは一方の「脅威」と他方の「個人の損害」とを天秤にかけてばかりで、プライバシー概念が他者とのかかわり合いや共通の利益をも射程に入れていることをしばしば忘れる。「バランス」という考え方は、プライバシー、言論の自由、何であれその種の権利は、曖昧かつ不明確な国家安全保障というより大きな利益の追求上、制限されなければならないという主張に、誤った加重をすることを意味するにすぎない。「国の」関心事と「個人の」関心事の間違った分割を拒絶してきた人々はいるが、今のところ、少なくとも公衆の態度にはその効果はなかったようだ。[51] しかし、諜報機関への、また当然に西洋の政府一般に対する、公衆のすり減った信頼を回復させる唯一の方法は、用語を明確に定義すること、かつ、国と個人それぞれの目標をどのように追求するかについてはっきりさせることである。

第二の問題だが、例外状況の公式宣言の欠落は、犯罪を処理する際のルールの変更が着実に、しかし、秘密の過程を経ることから生じる。**原因**を把握しようとすることから、**影響**を管理することへの重大な変化がある。一般に、犯罪の制御は二〇世紀後半以降、ある種の犯罪の環境的・社会的要因を理解する努力から、犯罪の衝撃に対する対処へと変化してきた。[52] こういうわけで、例えば、カナダのスティーブン・ハーパー首相は、何百人ものアボリジニーの女性の行方不明や殺人の事例を解明する際、「社会学に託すこと」を戒めるのだ。原因は追究されるべきだ。しかし、影響は制御を要する。

アガンベンは、生体認証の例を用いる。これは当初、前科をチェックするのに使われ、犯罪防止の役割はなかった。二〇世紀に生体認証は、生活の他の場面にますます適用されるようになった。どの市民も生体認証による特定と認証を受けるようになる勢いだ。今日ではさらに進んでいる。我々はオフィスに入るとき、車に乗るとき、国境を越えるときに生体認証を利用するだろうし、子供たちですら学校の昼休みに生体認証をして昼食を買うようになるかもしれない。指紋どころの話ではなく、多くの生体認証技術が日常生活のあらゆる場面に広がり、全般的な管理の浸透は明白だ。それなのに、これに対する言及はほとんどない。当然のこと、普通のことだとされる。

近代の夢であった市民権と今日の受け身の市民権とは、かなり距離があるようだ。生体認証に関するアガンベンの懸念が正しいならば、公共空間における我々の立場ではなく、生体のデータ、そして今やメタデータが我々の「素性」を生み出す。アメリカとヨーロッパで一九八〇年代から支配的なリスク管理のアプローチは、全ての市民が潜在的テロリストであり、それゆえに管理は明らかに適切だと役人が考えることを助長する。そのような管理方法は、自由市場経済にうまく適合する。なぜなら、政府の正しい仕事は、原因究明ではなく、影響を制御することと見なされるからだ。警察権の強化は、さらなる軍隊化と情報志向型となる。そして、我々皆が潜在的テロリストであるなら、反体制派、抗議者、内部告発者に対する当局の厳しい警戒も理解できる。古典的な民主主義理論が想定する行動力のある多様な意見を持つ市民像は、今日歓迎されない。全ての市民は、国家の安全に対する潜在的脅威として再分類されている。

プライバシーを越えて？

ファイサル・ジルの話は、スノーデンによる暴露の結果、多くのことが危険に晒されていることを示す。特に、プライバシーは動員のための掛け声としては素晴らしく価値がある一方で、現実世界にはほとんど関係のない抽象的な事柄へといとも簡単に還元されてしまう。さらに、プライバシーは組織が「潔白」であることを示す手段としてからめとられ、利用されるだろう。つまり、その組織はプライバシー保護の手続を踏んだ上で、業務を続けることができるというわけだ。逆説的だが、プライバシーは監視を可能にする。あるいは、スノーデン後の時代に意味のあるプライバシーの種類は、共通の利益を最高と見なして、他者を守ることに深く配慮する。「私のプライバシー」だけではなく、だ。

ファイサル・ジルの話は、監視が社会的選別の手段になる様も示した。この場合、選別は、人口の中の集団間に不当な差別を課し、その結果、ある集団は他とは異なる扱いを受ける。この例は、社会的類型が、例えば、「ムスリム」と「安全への脅威」という、二つの言葉の不当な結合の規模を広げることに、どれほど安易に利用されるかを示す。このことは、「あなたの権利は重要です。なぜなら、それがいつ必要になるかは決してわからないのですから」というスノーデンの言葉の正しさをも示す。ファイサル・ジルは、責任ある市民として、隠すべき、あるいは、恐れるべきことは何もないと考えていた。しかし、実際には、彼はただムスリムであるというだけで、継続的な監視下に置かれていた。この場合、プライバシーと信教の自由とが結びつく。

スノーデンは、我々にどんな世界に住みたいか、とも尋ねる。恐怖や互いへの疑念を特徴とする世界か。決して忘却を認めない、寛容さなどみじんもない、隠すべきものがなくても恐怖を作り出し続けるシステムの内にデータが無差別に収集され、永久に保管される世界か。脆弱性が増し、民主主義が減じられる世界か。不透明さを増すばかりの組織に一般の人々がさらされる世界か。それとも、輪郭は想像できるけれども、経験したことのない異なる種類の社会か。

「構築」の問題は、二一世紀における監視の問題全体にまさに適用できる。茫漠とした疑問の数々を我々はどのように考えるのか。インターネットのプライバシーは、それからメタデータを利用して個人を監視追跡している世界中の国民国家の役割は、実際のところどれほど重要か。プライバシーを過去のものと考え、これらの問題を無視するべきか。それとも、偏執病的に引きこもり、オンラインの世界に参加することを拒絶し、スマートフォンを捨て、分断とディストピア的な恐怖の中へと退却すべきなのか。果たして、スノーデンが盗み出した文書が暴いた世界に接近する他の方法はあるのだろうか。

第五章　将来の再構築

管理された社会に住みたいか、それとも自由な社会に住みたいか。これが、現在我々が直面している基本的問題なのです。

エドワード・スノーデン　二〇一四年七月

我々が作り上げてきた世界は単に「オーウェル的」ではないと、折に触れてエドワード・スノーデンは述べている。さらにひどいものだ。彼の主な関心は、開かれたインターネットをたやすくサイバー上の檻にしてしまう技術的能力にあるが、もっと広い視野に立ち返ることが大切だ。確かに、野放しの大量監視は、深刻な由々しき展開であり、NSAとその提携機関は、もし民主主義的権利を尊重するつもりがあるならば、説明責任をもっと果たし、さらなる透明性を確保しなければならない。しかし、我々が見てきたように、今日のインターネットは設計上そもそも、監視に親和的であるという特徴を持つ。これは「ネットワーク化された社会」全体にも当てはまり、それを今日体現するグローバルな権力展開にも当てはまる。「いまの子どもたちは、プライバシーという概念を全く持たずに育つでしょう。プライベートな瞬間、記録されず詮索されない考えを持つということが何を意味するかを、彼らは決して理解することはないでしょう(1)」ともスノーデンは語っている。

しかし、誰がスノーデンに耳を貸すのか。プライバシーを持たずに育つ子どもに関する彼の言及は、東ドイツの秘密警察シュタージや一九四九年から六五年にかけて毛沢東時代の中国で暗躍した秘密工作員[2]と自分たちは無関係であるといまだに信じきっているこの世界では、大きな反応はみられないようだ。おそらく消費主義の蔓延によって、我々は、自由とはショッピングモールでの「選択の自由」を意味するという考えに満足しきっているのか、それともマッカーシズムとその監視を煽る魔女狩りの記憶が色あせたからなのか、あれほど衝撃的なスノーデンの暴露ですら、人々を改善に向けた行動へと一斉に向かわせるには至っていないようだ。確かに、NSAの大量監視の被害者になった人物というぴったりの事例を挙げることは困難で、せいぜいできることは政治的抑圧の危険性の拡大を挙げることくらいだ。暗黙の前提は、「ここでは起き得ない!」ということだ。

しかし、チリの詩人で学者のアリエル・ドーフマンが言うように、一九七三年九月一一日に同国を飲み込んだ暴虐な独裁主義の以前に、彼やチリにいる同僚を捉えて離さなかった感情はまさにこれであった。彼らは「そんなことはここでは起き得ない!」と言った。二〇〇六年にドーフマンはサルバドール・アジェンデ財団の建物を訪れ、ピノチェト監視センターでかつて使用されていたもつれたワイヤーを見せられた。そこは民間人に対するスパイ活動をしていた者たちが働いていた場所だ。アメリカ政府があのクーデターの諸条件を作り出したことを忘れてはならない。一九五四年、アメリカがグアテマラで民主的に選ばれたアルベンス大統領の政府を倒したのも同じやり口だったし、他の国々でも同じことをした。私はグアテマラシティにある気味の悪い警察国立アーカイブを訪問した。そこには、八千万件の監視記録が保管されており(そして、二〇〇五年までは非公開だった)、その内容は、アルベンス大統領の失脚で到来した軍事独裁政権期の一九六一年から九六年までの、警察による監視、拷問、殺人である[3]。グアテマラ人の中にも、そのようなことが「ここで起き」得るなんて信じない者もいる。

ドーフマン——長年デューク大学で教えているが——は、アメリカ人が監視の実態をあれほど平静に受け止めていることに驚きを表明した。「政府による内密の計画」で監視が行われているのではなく、むしろ、情報は、「同意の上でのやり取り——商業とインターネットの臆面もない双神に、機嫌よく、自主的に、熱心に提供される——[4]」から絶え間なく選び出されあさられているという実態を受け入れているのだ。彼が言うように、全体主義的な干渉に息巻くのと同じ人々が、「デジタル上の眼が彼らの一挙手一投足を、つまり、成功、プロフィール、購買、旅行、病気、テキスト作成、友達づくり、好み、喜怒哀楽を計測し、束ね、掘り出している」ことには気づいていないようだ。

もちろん、スノーデン自身は、NSA等の機関によって実施されている政府による監視の拡大の危険性を強く訴えている。直接的な危害を与えるような類の、国家による監視——そこでは命がかかっている——を切り抜けてきた人々は、なぜ人々は不平もなくこの状況に甘んじているのかと不思議でならず、首を傾げる。スノーデンの指摘をもっともだと彼らなら思う。少数派の住民も同じだ。とりわけ、九・一一以降、北アメリカ、ヨーロッパ、その他どこの国であれ、少数派に属するムスリムたちはそうだ。そういった人々は、「自由民主主義」政府を恐れること、これまでの行動を変えること、後景に退くことを学んできた。カナダ西部のムスリム男性は、「空港に入る時や旅の準備をする時はいつでも、捕まらないように気を付けている犯罪者のような警戒心をもって行動する。違うのは、私が犯罪者ではないことだけだ！[5]」と言った。「推定無罪」に何が起きているのか。

本章では、監視――プライバシー、権利、民主主義とともに――の問題が今日どのように組み立てられるのかという疑問に話題を転じよう。これらの問題を我々なりに考えよう。そして、発言し、沈黙を決め込むのはやめよう。そのためには、強まる監視を正当化する強烈な言葉、なかでも筆頭と言える「安全」という用語について再検討しなければならない。技術信仰という背景に、そして、公的機関と民間との関係――技術発展や技術政策、日常生活での我々の技術への関わり方を導く両者の関係――に再び目を向ける必要がある。

スノーデンの最初の文書が現れた二〇一三年六月、『一九八四年』の売り上げとオーウェルについてのグーグル検索が急上昇した(6)。最も有名なこの監視ディストピア作家がこれを喜んだかどうかを知ることは困難だ。ともかく、スノーデンは、オーウェルの警告に従い、何十年も前にＮＳＡの大量監視をつぼみのうちに摘み取るべきであった、と見ている。暴露後にこの本を買うことは、絶望的で無力で無益な策に見える。プライバシー専門家ダニエル・ソローヴが言うように、二一世紀に我々が経験していることに最適な比喩をオーウェルの中に必ずしも見つけ出せるわけではない。不条理な官僚制を描くフランツ・カフカの小説はどうだろうか。この世界で読者は、罪状の定かならぬ犯罪で警察に連行され、誰が自分の何を知っているのか、これからどうなるのかが不確かな悪夢を経験する。こちらの方が的を射ている(7)。

しかし、カフカでさえも、今日の大量監視に付きまとう邪悪さの意味を完全には捉えていない。ずっと遠回しな描き方だが、デイヴ・エガーズの風刺小説『ザ・サークル』がデジタル時代の監視についてより明確に述べる(8)。最初の行から皮肉である。「サークル」として皆に知られるシリコンバレーの大企業に職を得た二四歳のメイについての一文だ。「ああ、ここは天国だわ、とメイは思った」。すべてのものが目に入るガラス張りのオフィスで、メイは素早く次々と、言語および視覚コミュニケーションを促す装置を支給される。ついには、他者の目から遮断され隠されたものなどほとんどどこにも残らないようになる。読者は、同僚や会社に常に見られているということが何を意味するのか、その行為を彼らがいかに正当化するのか、人間関係全般に与える影響は何かを、メイが解明していく過程へと導かれる。これはおかしくも空恐ろしい小説だ。小説はオーウェルやカフカと似たような、ディストピアで幕を閉じる(9)。

この本のメッセージの一部はこうだ。ディストピアは大切な警告である半面、完全な社会を創造する絶望的な試みとしてでは断じてなく、別の未来を想像する手段としての、ユートピアン(理想家)に与えられる機会もあるということだ。この意味での「ユートピアン」は、現実逃避主義者ではなく、フィクションやファンタジーといった現実味のないものでもなく、現在の拮抗する数々の現実との手堅い出会いである。

我々が到達したこの種の結論は、控え目に言っても、概して勇気づけられるものではない。安全のための監視は不安や不確かさを生みがちであり、ある人々にとっては現実的な不利や苦悩になる。これらの結論は人々を勇気づけるものではない。人々の権利は簡単に踏みにじられるおそれがある。我々が見てきたように、とりわけその人たちが既に少数派の、脆弱な集団に属している場合には。開かれた意思疎通と民主主義を促すという希望とともに生まれたインターネットに関して言えば、デジタル世界の大部分の潮流は初期の開発者が望んだこととは正反対になっているように思える。権力機関の秘密主義と消費者の「フィルターバブル」は、彼らには思いもよらなかったことだ。

しかし、それはこれらの展開を完全にネガティブなディストピア思考で捉えて、陰気、悲運、そして抵抗の政治とだけを見ることになる。なぜ、希望にあふれる政治を加えることで議論を再構築しないのか。

猛威を振るう大量監視で現在起こっていることの帰結とその制御の試みに注意を払うだけではなく、我々はどんな種類の世界を**見たい**のかも明確に表明できる。こうすることの利点は、別の選択肢がもっとはっきりと見え、議論され、ひょっとしたら実行されるということだろう。別の言い方をすれば、今日の監視の潮流が我々を捉え連れていくところを示すために、目を覚ますよう促すことはまさに適切で必要だが、別の選択肢をいかに構築し得るかを示唆する手招きの合図を出すのも、同じく大事なことである。

悪い出来事を構築する

数年前、私が働く監視研究センターが最初の専用ウェブサイトを開設した。我々はこれを通して世界中の監視に興味を持った学術団体と緊密な関係をもつことができると考えた。我々はウェブサイトを使ってより簡単に記録を比較できた。私の同僚は、我々のウェブサイトを訪問した人の追跡も可能であることに気づいた(これは一〇年以上前のことであることに注意してほしい)。誰が我々をチェックしていたかのスクリーンショットを入手した。数人の研究者がサイトを訪問してくれたことがわかったが、驚いたことに、なんと、カナダ安全情報局(CSIS)、王立カナダ騎馬警察の警官、カナダ通信安全保障部(CSES)もまた常連だったのだ。推して知るべし、である。

「国家安全保障」上の監視について、スノーデンのおかげで我々がいまや知っていることの最も際立った影響のいくつかをこの本は吟味してきた。我々は、監視社会が既にこんなに進展した時代に、なぜスノーデンの暴露がこれ程の驚きをもってメディアで取り上げられたのかという史実にまつわる疑問を検証してきた。今日の監視が有する重要な側面についての現在的な疑問、それらをどう理解し、どんな回答が適切なのかにも迫ってきた。ここで触れる将来にまつわる疑問が見据えるのは、インターネットは今や何を示しつつあるのか、誕生時の約束の方へどうしたら立ち戻れるのか、である。インターネットが監視の実施にあたり様々なレベルで鍵となる場所であることに鑑みてそう問うのだ。当然、さらに広げて、そもそも大量監視が、倫理的に適切ではない実践であるとして排除され得るかどうかという、ぼんやりと立ち現れつつある将来にまつわる疑問もある。

スノーデンの暴露が日常生活の監視と追跡、これらの実践への反応を論じるために普通に使われる言葉そのものへの疑問を浮上させたことに、手始めとして我々は注目した。監視とプライバシーという言葉である。これらの概念は、他のものに比べると、多少は常々議論されている。しかし、定義はいつでも困難である。なぜなら、定義はそれがよって立つ時代、場所、文化的諸前提を体現するからだ。監視は決して中立ではないと私は言ってきた。危険や脅威の前兆となる事態を観察する方法として、監視は何らかの形でいつも必要である。スノーデンも指摘している点だ。しかし、より穏やかな形態であれ、監視は倫理を超越するものではない。

あらゆる実践同様、監視は倫理的検証の対象となり、議論され得るし、されるべきだ。言い換えると、監視やその機関は、決して自らが法であってはならない。監視はある目的のための手段であり、監視の仕事を委ねられた者は目的を定める者に対して責任を負うべきなのだ。また、プライバシーは、たとえその概念につきまとう限界が何であれ、監視を問題にし、人生における活きた現実としての監視と向き合う上で、不可欠な道具であり続ける。人権や民主主義的実践とともに考慮するとき、プライバシーは別の選択肢を指し示す。

さらに、これらの問題は以前にも持ち上がっていたが、スノーデン後の世界に連関する今ほどに先鋭的な形を取ることは決してなかっただろう。かつては、標的型と大量監視との境界はかなり明確であったように思うが、もはやそうではない。両者の交錯により線引きがあいまいになる。監視されるのは人なのかプロフィールなのか。しかし、今日の監視を吟味するためには、さらに次の点が問われなければならない。一体どのような時に大量監視が正当化されるのか。大量監視の道具がそろっているという事実は、それらが使われなければならないということを少しも意味しない。かつて、プライバシーは主として特定の識別可能な個人の利益や権利に関係する事柄として解釈された。今はそうではない。プロファイリング(人物特定)が「予見」にすぎず、疑いの根拠は潜在的な「テロリストとのつながり」の予感であるとき、プライバシーはどのようにこれに厳密に対処するのか、と問う者もいる。ここでの難点は、最初の段階で予測的プロファイリングの許容性を問うために、プライバシーはもっと早く導入されるべきであったということだ。

我々が見てきたように、スノーデンの暴露によって浮き彫りになった類の監視は、一方で情報集約型で、しばしばインターネットに関係し、他方で「国家安全保障」志向型である。前章で述べたが、「安全」の概念もまた、この文脈でなんらかの厳しい精査を受ける必要がある。監視やプライバシーと同様、安全を定義することも難しい。特に、「国家の」安全が多くの国々で最高の優先事項に引き上げられている現在の状況においては。これは論争渦巻く概念で、プライバシー権あるいは市民的自由を求める主張と対立するものと往々にして解釈される(10)。もしこの語が一般市民の願望、切望、そして実際の幸福に対する関係を保持するとしたら、安全のよりいっそう繊細な理解が要求される。そしてこれらは、ここで議論した他の概念、つまり監視やプライバシーとの関係で考えられなければならない。

スノーデンへの関心は多種多様で国によっても様々だ。しかし、この複雑性は、次の事実をぼかすべきではない。関心は様々だが、どこでも関心は高いという事実である。暴露は当然のこととされてきた前提に疑問を付し、いま持っている知識と実際との落差をさらけ出した。これは監視やプライバシーの研究に従事している専門家だけに関わることではない(11)。問題となっているものは、インターネットやデジタル通信全体の将来であり、これらのメディアを一般の利用者が使う仕組みもそうだ。これはもちろん大きな課題だ。しかし、賭けられているものはさらに大きく、オーウェル以降の大量監視の時代において、政治、民主主義、社会正義がどのような特徴と可能性を有するかにまで及ぶのだ。

別の選択肢はあるのか

我々は、監視を評価するための倫理的な道具立て、なぜプライバシーが重要なのかについての従来より広がりのある理解、これらを政治的目標に移す方法を必要としている。どんな種類の世界を目指して進むのかという明確な考えをもってこれを行うことが不可欠だ。より良い世界とは何であるかをどのように感じ取ればよいのか。

スノーデンが明確な選択――「管理された世界か、それとも自由な世界か」――を我々に迫った時、彼は二つのことを述べている。一つは、我々の世界がいかに、歓迎できない、非民主主義的な管理にますます陥っているかを、彼の暴露が我々に示しているということだ。しかし、二つ目がある。これが話の終わりではないということだ。対照的な世界は彼の言葉で言えば「自由」である。否定的に捉えられた監視に不満を述べたり反対することが一方にある。私が論じてきたように、それは実際に重要で不可欠だ。しかし、より良い別の選択肢を探求することは別のことだ。非常に多くの監視とそれゆえ管理がネットワーク化されたデジタルデータを必要とするからといって、インターネットそれ自体が廃止される必要があることにはならない。否、自由への可能性は、インターネットを形成し統治する別の選択肢、日常の基準でインターネットに接する別の選択肢を探すことにあるに違いない[12]。

第三章では、スノーデンの暴露に照らし合わせながら、ビッグデータの問題を考えた。我々は、世界中の多くの国々でビッグデータが監視に対する前例のない関心を生み出した様子を見た。多くの技術上・法律上の対応がなされ、市民の社会的な行動もより目立ってきた。全ての次元で説明責任が課され、必要に応じて、NSAや同種の機関のいくつかのプログラムの廃止も要求された。しかし、広大な倫理的前線と呼ぶにふさわしいところでの進展は芳しくない。挙げられた疑問は重要なものであるが、それらに対する満足のいく答えはない。倫理的転換は**批判の**一手段としてさらに急を要するものになった。これはいくつかの次元でそうなのだが、スノーデン自身が「我々はどんな社会を望むのか」という問いの繰り返しを通して提示する類の方法に特に当てはまる。

適切で倫理的な実践は少ないようだが、そのような実践への関心は増加している[13]。ビッグデータの例を続けると、これは現在商業的で政府寄りの基準で完全に運用されており、しばしば、技術的要求(例えばより進んだ暗号化)や法的要求(今日的技術を規制することに関する立法)もこれに合致する。プライバシーの擁護者やインターネット活動家も、ビッグデータのような姿を現しつつある潮流への新しい政治的手法を促進しようとしている。しかし、商業的で政府寄りの基準がビッグデータにあれほど織り込まれる主な理由は、両者の間の強い親和性である。とりわけ、監視との関連においての親和性である。ビッグデータは商業と政治の利害の合流を象徴する。国家安全保障は政治的目標であるのと同じくらいにビジネスの目標でもあり、監視活動の世界においては両者の間に回転ドアがある。[14]これが主要な潮流であり、だからこそ、新しい取り組み方が求められている。

倫理的実践は他の理由からも、比較的不利な立場にある。インターネット、ソーシャルメディア、ビッグデータの複雑さを考えるのに時間を費やす倫理学者は多くないし、ビッグデータ分野の最前線にいる多くの人々は、片手間程度のありふれた関心を除けば、倫理について考える時間はほとんどないようだ。[15]ビッグデータを駆使する手法への衝動は、技術が持つ巨大な力――グーグルは本当に、疾病管理センターよりも早くインフルエンザの流行を追跡・予想できるのか[16]――、着々と一単位当たりのコストを削減しながら、膨大な量のデータを分析する能力を擁するあの力への信念から来ている。まさにこのグーグルのインフルエンザの例においても、監視データと分析方法がどれほど適切かが問われなければならない。データがどのように集められ構築されるのかが、分析の最終結果に決定的な影響を常に与えるからだ。

監視とプライバシーが政治性を持つことは避けられない。技術は「中立的」であると未だに主張しようとする世界においては、潜在的な問題が見つかると、必要とされるものはより良い技術だとする考えに依然として陥りがちだ。しかし、倫理的・政治的問題はそんなに簡単に解決しない。監視とプライバシーはそれぞれ、人権や民主主義に強い影響を及ぼし、逆もまた然りだ。民主主義と監視とはいつも緊張関係にある。

民主主義の明確な定義が欠如していること、さらに民主主義を定義することは時に拒絶されるという事実についてさえも、ジョージ・オーウェルは確かに言及している。そして、彼の想像力に富む描写はさらに目を引く不朽の監視をめぐるイメージを残した。技術の利用、見られているというしつこく付きまとう不安な感覚、監視国家をビッグブラザーとして擬人化したのである。[17]オーウェルは、抑圧は物語の一部にすぎないということも認識している。臣民によって内在化され、監視が社会通念上、当然のものになる時、はじめて監視は効果をもつということを示した。だが、オーウェルは監視の**政治**への最高の導き手では必ずしもない。抑圧の下で、主人公ウィンストンは結局屈したのだから。

これだけではない。労働者階級「プロレタリアート」を折に触れ描くオーウェルの筆致は、消極性や無関心を示唆する。オーウェルは彼らを「考えることを学んだことがない人々」と呼ぶ。そのような判断の下では希望はしぼむ。だが、(『ウィガン波止場への道』執筆のための秘密裡の調査に要した)[18]一二年間、監視下にあるということがどういうことかをオーウェルは知り、それは彼の書くことを通した抵抗を思いとどまらせはしなかった。文学者レイモンド・ウィリアムズが観察したように、「浸透した冷酷な管理下でも、多くの男女はお互いへの信頼を維持し、勇気を保持し、場合によっては、成功の見込みのない賭けに打って出て、システムを破壊あるいは変更しようとした」[19]。残念なことに、デジタル時代の、グローバルな諸条件に、そして、公的機関と民間との古い境界線の消失に応じて最新のものにされた、監視をめぐるスノーデン後の説明の多くもまた、政治の可能性に対して――理由がないわけではないが――悲観的だ。

かつて監視は、特定の疑惑や標的に対するものだった。現在の大量監視の時代では、誰もが例外ではなく、誰も監視を回避することはできない。だからこそ、監視は今日の民主主義にとって重要な問題なのだ。民主主義的応答は、スノーデンの暴露が始まって以来かつてないほどに増えている。欧州評議会やアメリカ大統領でさえも介入した。二〇一三年には八〇カ国の五五〇人以上の書き手からの、ＰＥＮインターナショナルの請願がうねりを起こした。[20]市民的自由や人権を擁護する団体が世界中で取り組みを行っている。

ヴィジョンの明確化——民主主義、尊厳

今までのところ、監視をめぐる政治運動への試みは場当たり的で個々の争点に囚われがちである。しかしながら、多くのプライバシー擁護者や反監視団体が存在し、互いに実りある連携を構築しているという実感を強めている。[21]監視を問いただす機会は、頻繁な妨害行為があるにもかかわらず拡大している。

デジタル技術を政府・市場の異種交配で使用することから、監視における「時制」の変化が起こっている。著しく未来志向になっているのだ。恒常的な管理を促進するためには、過去の記録は、次に起きようとしていること、特に、個々人や集団が次に何をするつもりかに比べて重要ではなくなった。今日一般的なビッグデータを駆使する監視は、未来、特に**先制的予言**に焦点を当てる。[22]これは、特に、例えば「推定無罪」のような従来の慣行に対する危険をはらむ。データ分析が「容疑者」を生み出せば、その人々が有罪として扱われる差別的傾向がある。このように、未来は前もって管理される。暗い未来だ。

灯りをともしてくれそうなものは何か。最近、ルース・レヴィタスがＨ・Ｇ・ウェルズによる一九〇六年の提言「ユートピアの創設——とその徹底的な批判——は社会学にふさわしい固有の方法である」を蘇

らせた。[23] 彼女はこの提言を、現在の政策の限界を批判的に暴き出す方法であると捉えた。それは、起こり得る未来についての全体論的、内省的、民主主義的な思考方法を提供することにつながり、人類の要求と繁栄を、目標というよりはむしろ手段にすぎないものとして考察することになる。ユートピアの方法論が監視の世界を再構成する助けとなると考えられるか。ところで、大量監視の世界では民主主義的自由と人間の尊厳が危機に瀕している様子をこれまでのところで述べた。これはどのように克服され得るのか。

民主主義から始めよう。民主主義には様々な特徴がある。限定的な政府もそうだ。すなわち、極端に走らない主張と制限された権力である。民主主義はある特定の体制や特定の党を超えた諸々の価値を推進し、有権者、つまり人々への政府の説明責任を奨励する。民主主義は、国家に関わらない生活の側面にはそれぞれの自足性があるので、それらは国家とは区別されるべきものだと承認する。民主主義は多元的で、進歩的でもある。進歩的とは民主主義は将来に開かれており、単なる現状よりも他の可能性を見ているという意味である。民主主義は異議、多様性を奨励し、疑いや恐れではなく信頼を育む。民主主義は、尊重、公平、人権に資する。

これは極めて重要な分野である。スノーデンの登場以来、プライバシー、人権、法の支配は様々な形で犠牲に供されていることがわかった。陰謀説を採る者は大騒ぎし、他の者はこの由々しき事態の理由として構造的変化を強調する。しかし、双方ともがいかなる意味であれ、民主主義は危機にあると同意する。多くのことが流動的になってしまった。個人データは企業と政府機関の間を往来し、セキュリティ機関は国民国家よりもずっと影響力を持つように見え、光ファイバーケーブルのような物理的インフラは政治権力の導管であり、政府と民間との区別はあいまいになった。「国家」は市民社会に最新の複雑な方法で介入し、既に述べたように、「安全」は「自由」に付随するというよりはむしろ対極のものとして扱われる。

では人間の尊厳は？　それは、人の人類としての価値に関係する。尊厳が重んじられれば、その時には人々はそのように扱われる権利を有するというように特別な形で扱われる。[24] これは、前に言及した配慮という根本倫理に関連する。[25] 無罪の市民をまるで何かの罪で有罪であるかのように扱うといったことは、尊厳をもって彼らを遇することと両立せず、それゆえ彼らの権利を侵犯する。これまで見てきたように、監視がなんらかの行動に先手を打とうとして使われる場合に、これがまさに起こり得ることであり、推定無罪が消える。

もちろん、このことを乗り越える人権もあり、それは、人間としての必要性という観点から、我々の生活にとって何が良いことなのかを考えることの一助となる。意思に反して公衆の面前にさらされないこと、あるいは信望を傷つけるような形で可視化をされないことは、このような権利の一種だ。食糧、教育、社会保障といったものを利用することに関しての公平な扱いも、人間の尊厳に関係する。なぜなら、人類の繁栄に欠かすことのできないものだからだ。これらもまた今日の社会的選別の監視技術によって拒絶――いや、もしかすると保障――されるかもしれない。

民主主義と尊厳の促進という馴染みの二つの考え方、あるいはさらに進んで、その実践は、今日の政府・企業による秘密裡の大量監視の世界に対するより好ましい別の選択肢についての我々の見解と政治を教示する。我々がどういった世界に暮らしたいか、どのように扱われ、また他者を遇したいかを思い起こさせるからだ。そしてそれらはデジタル化の進展と政治的生活の明らかに新しい現実の視点から再考されなければならない。

スノーデンの暴露は、ずっと前から世界中の何百万の人々が知るべきであったことを明らかにした。諜報機関の過度の秘密活動がこれほど秘密裡でなかったならば、実際に我々は知っていたはずだ。疑いなく、人々はその潮流に抵抗し、政治の方向を変えようとしたであろう。しかし、行われることの多くもその手法も秘密のままだ。まず手始めに取り組むべきは、政府およびビジネスの慣行における透明性を、それが当然に要求されるべき場合には要求することである。

これらの議論がひょっとしたら最も必要である領域、積極的な可能性の新しい感覚が強く求められる場所は、インターネットである。草創期のインターネットをかつて活気づかせた、開かれた通信やアイデアの自由な共有が持つ潜在力は未だ利用可能である。今日のインターネットは——多くの人々が毎日の生活を実際に送る場所であるが——悲劇的にも、商業および国家による最も強力な監視の場所となった。

二〇一五年のデジタル生活をめぐるシリーズ企画の一環である、ピュー・リサーチ・センターの二〇一四年の報告書『ネットの脅威』についてインタビューを受けた専門家は、政府がオンラインの自由を厳しく取り締まるので、監視が強まり、オンラインへの信頼は低下するだろうと述べた(26)。さらに悪いことに、このことを認識し抵抗する代わりに、多くの人々が慣れっこになってしまい、不必要で時には損害を与える監視に自ら関与しさえするようになる。しかし、別の選択肢を提案し、実践しようとするのに遅すぎはしない。実際にこの動きは規模を増しながら起きていて、スノーデンの暴露は変化のためのエネルギーを付け加えただけだった。

プライバシー保護を試みることが枢要だ。人権として理解されるならば、プライバシーは表現の自由のような、民主的政治形態の様々な側面の基礎となる。スノーデン後の時代では、自分についての情報のやり取りの管理に関係するものとしてしばしば理解されるが、プライバシーは明らかに脅かされている価値であり、単に、見捨てられた希望であるとか、我々が今や通過してしまった段階ではない。逆に、第三章で我々が論じたのは、ビッグデータの運用上の倫理が見いだされるべきで、データと個々人との間のますます広がる断絶の問題に対処することが急務であるということだ。[27] プライバシーは依然として、不適切で不つり合いなほど肥大した違法な監視に対して反対を呼びかける卓越した概念である。だから、ある種の情報収集に令状を必要とするような法的制限や、暗号化もしくは匿名化といった技術的制限を提案する人々、それから、ビッグデータの世界に適した内容を持つプライバシーの概念を再び吹き込もうとする人々の努力は本当に意義がある。

第四章でも見たように、様々な状況で公平な扱いを擁護する手段として、プライバシーが必要とされる。社会的選別の概念は、ビッグデータの一見中立的で魅力的な技術――特に予測的プロファイリング――が懸案の社会的・政治的問題に適用される場合に不公平かつ不平等な結果を生む一連の行為について、我々に警告する。ファイサル・ジルのプロファイリングは我々が見た一つの事例だが、他にもたくさんある。人生の好機や人の評判はこのような監視プロファイリングによって傷つけられる。そのような状況に介入すべく、配慮の倫理を持ち出すことは、幸福という至上命題を、そして、個々人の価値とその個人が属する共同体の価値を高める必要を教えてくれる。

社会的選別としての監視は、現代の官僚的な実践と連結し、さらには、安全を訴える掛け声に刺激され、保険の論理にもつながる。後者は安全を、諜報収集、個人の認証と追跡に依存したものと見る。[28] その結果は――ビッグデータ環境では増幅されるが――とりわけ、分類カテゴリー上の疑惑の増大である。[29] ファイサル・ジルは、ただ彼が「敬虔なムスリム」のカテゴリーに入ってしまったために容疑者となる。これはひどい過ちだ。従来の慣行である「推定無罪」——立証されるまでは有罪ではない——は視野にないのだ。[30]保険の論理は、先制の予測を要求する場合にはもう一段階進む。ビッグデータが監視に導入されると、予測的で未来時制の運用を促すことを思い出そう。さらに、これは監視における新しい展開ではない。特にリスク管理技術は数十年にわたり、そのような「予測的管理」を奨励してきた。しかし、ビッグデータ技術の利用が可能になり、実践における強い未来志向を促す。だから、あるデータ断片間の明白な連関のため、ある人がまだ実行されてはいないが良くない行動を起こす可能性があると想定されることがなんらかの行動を導く。データは効果を持っている。行動を前進させるのだ。データは法を遵守する一般市民をいとも簡単にテロ容疑者に変えてしまう。[31]

推定無罪や合理的な疑いを超える証明といったような伝統的な法的保護は、危機的なまでに、多くの西欧諸国で掘り崩されつつある。容疑者が分類カテゴリーやアルゴリズムによって抽出され得るというビッグデータによりもたらされた信念にますます傾倒するようになったからこそである。一時的な「容疑者」が司法手続によって身の潔白を証明された場合でさえ、すべてを集めるという標語に示されたビッグデータの運用はデータの無期限保存を含むので、「記録」付きの人々が新たなスタートを切ることは困難だろう。許す？　そんなことは考えるな。[32]例えば、カナダ警察情報センターのデータは永久にそこに保管される。そして、警察の記録に精神衛生上の問題まで入ってくるならば、アメリカへ入国しようとするカナダ人に対する入国拒否につながる可能性がある。例えば、自殺未遂の判定は、ただこのために国際的データベースに記録されてきた。[33]

ビッグデータは監視に革命を起こしているのではない。監視の規模を確実に拡大させ、安全への脅威となる人物を特定する際に重大な誤りが生じる可能性を増大させている。ビッグデータの運用は、監視を技術的「解決」への依存により一層向かわせた。この傾向は、個々の市民に対する組織――規模の大小や政府と民間の別を問わない――の優位を打ち立てる。そして、それは暴力の回避のため動機や意図を推測する目的でますます予測的分析に依存しながら、管理に重点を置くという変化を強化する。残念ながら、ビッグデータを使用するプロジェクトに従事する学生に、自分が行っていることの倫理的側面を考えるよう促すために時間が割かれることは、今のところほとんどない。そのような状況では、プライバシーと市民的自由は、研究の足かせとなる嫌なものと疎まれるのが常だ。とはいえ、そのような話題を出すことは、雰囲気を変え、ビッグデータ分析の方法を再構築する一つの道となり得るだろう(34)。

監視と人類の繁栄

スノーデンの暴露は、国家主導の監視がいかに拡大しているかを示すという正真正銘の偉業だった。彼の仕事は、今日の監視がどれほど他のものごとに依存しているかも示す。監視はビッグデータの運用に依存し、それゆえ、大企業と種々の政府機関の協力に頼っている。また、スノーデンのおかげで――それから、暴露に対する憤りの反応からも――、監視がいかにインターネットや携帯電話の一般利用者の日々の行為に直結しているかがわかった。

結局のところ、人々の暮らし、我々の生活全てを形作るものは、こういったありふれた日常の情報交換である。だからこそ、民主主義や人間の尊厳といった大きな概念が我々に重大な関係のある事柄にどう接続するのかについての感覚を鍛えることが必要なのだ。日常生活の中で表明された願いや希望に寄り添うことが重要だ。あのプロバイダは信用できるか。あのサイト上の私の詳細情報は安全か。私が少数派に属することが私の将来を危険に晒すか。我々が、これらのことを政治行動、政策、技術仕様書、そして、暮らし方へとどのように転じさせるかが、スノーデンによって暴露された様々な行為が極めて有害な形で拡大するのは許容されるのか、それとも、終了・抑制・方向転換させられるべきかを決定する際に重要になるだろう。

ものごとが今とは別様であるのを想像できるだろうか。政治哲学者チャールズ・テイラーは「想像された社会」について語る[35]。我々が暮らし、維持している社会を我々はこの「想像された社会」によって想像する、と。それらは現実的かつ規範的である。倫理的側面を持つのだ。「想像された社会」は、何が「我々に有利に働くか」、どのようにものごとが「前進する」のを望んでいるかを我々に教える。ほとんどの人々にとって、制度的なことよりも直接的なもの、実存のものが先であるということを思い出させる。我々は、どこから来たのか、今どこにいるのか、どこに向かっているのかについての感覚を持っている。我々は過渡的で、生成なのである。「人間(存在)Human being」はやや受動的な見方で、「人間(生成)human becoming」の方が真実に近い。そしてこの「生成」には、我々が持ちつ持たれつの関係にある他者がほとんど常に付随する。人類の繁栄とは充足感を見出している状態であり、同時に、状況が改善され得る希望に溢れた状態でもある。

これに対して、逆の状況は我々の幸福感を台無しにし、我々の活動を妨げるだけではなく、不安や恐れももたらすだろう。今のところ警察国家は出現していないけれども、制御不能な監視はまさにこれらに影響を及ぼしている。残念なことに、社会科学者は――私は社会学者として仕事をするが――、人間の条件について、傍観者として語ることがまったく多すぎる。参加者として発言しないのだ。アンドリュー・セイヤーが言うように、この態度は、何が我々にとって本当に重要なのか、傷つきやすいこと、苦しむこと、できると感じることなどがどのようなことかをときどきつかみ損ねることを意味する(36)。

スノーデンが我々に開いてくれた監視の世界への窓は、これからどんな良いことが起きるのかといったわくわくするような展望を与えてくれはしない。他人を信頼できる、特に、個人情報を扱う責任を付与されている人々を信頼できると我々を安心させてもくれない。実際は、不安、心配、時に秘密主義への怒り、我々にとって大切な事柄――今の場合は我々の個人情報の詳細を適切に取り扱うこと――の失敗をもたらす。

インターネットの世界と監視の世界はこうした影響を持つが、必ずしも現状のままである必要はない。別の選択肢がある。これらについてはっきりさせる必要がある。何が悪いことかについての我々の感覚を明言することは重要だ。しかし、同じくらい大切なのは、別の選択肢を考え、議論し、さらにそのために闘うことだ。別の選択肢は、あらゆる次元で追求されるだろうし、それは日常生活を包括する。

もちろん、我々自身を守る新しい方法を探すことならば、多くのことがなされている。暗号やその他の安全性向上の装置を使うことなどである。これらの詳細はオンラインなどで簡単に入手できる。これは素晴らしく見えるが、以下の三点のただし書が付く。第一に、オンラインセキュリティは本質的にかつ慢性的に不安定であるように思う。第二に、インターネットやソーシャルメディア利用者の一部のみが、何であれ安全性を向上させるのに有効な手段の利用が可能な程に精通した立場にある。それらを金銭的に導入できない者もいる。そして第三に、これらの解決策を模索することは我々を、本来は政治的、社会的、個人的問題であるものに対する「技術的解決」に束縛する。

初期設定や設計段階でのプライバシー条件の組み込み、あるいは、コンピュータ科学者やソフトウェア開発者の倫理的教育に反対しているのではない。暗号化のような、システムを保護するセキュリティ装置を使う技術的専門性を有する人々への非難でもない。そうではなくて、大多数の攻撃に弱い利用者が技術的に不利な世界では、これでは不十分だ、と率直に認める議論である。そして、現実の、政策的・政治的なものとして問題が生じるところで、その問題に直面しなければならないことを認める必要がある。

マクロレベルで重大な問題は、新しいメディアの全ての利用者をどのように保護するか、監視の任にある人々がどの状況でも透明性や説明責任を追求することをいかに保障するか、ということだ。これらは、法律の改正と技術革新の観点から、良くて、両者の適切な組み合わせで、考えられるだろう。法律は問題を解決できないし、技術も同様である。しかし、支持するに値する重要な取り組みであることは確かだ。

例えば、『NSA報告書』中の勧告において、はっきりと説明されているものもある。プライバシー、人権、民主主義の間のつながりを報告書は強調し、インターネットは安全で開かれていなければならないと主張する。他の類似の文書と同様、この文書は出発点だ。他の者たちがバトンを引き継ぐことが期待されている。報告書の執筆者らは賢明にも、市民の信頼は不可欠で、自身が市民の信頼に値することを証明することは企業や政府機関の責任であると述べる。例えば、アメリカ内外の、他国民のプライバシーと尊厳は保護されるべきだという彼らの主張には、人間の権利へのこだわりが認められる。以前に言及した、国連による解決策と、ヨーロッパでのそれとともに、そのような取り組みは、かなり暗い場所にわずかでも灯りをともすものだ。

ミクロレベルでも、他者を保護する必要性があり、透明性を確保し説明責任を果たすことが不可欠である。監視は皆に影響し、承知の上でかそうでないかはともかく、我々全員が監視に従事する習慣がある。好むと好まざるとにかかわらず、監視は我々自身の想像された社会の一部となり、監視文化に寄与している。だから、我々自身も変わらなければならないという認識なしに、大企業や政府機関について透明性、説明責任、保護の責任の点でさらなる改善をすべきと論じることは、ダブルスタンダードを持っているように解され得る。確かに、我々の生活はかつてないほど大規模組織に筒抜けだが、多くの人々は組織で働き、そこで局所的な次元で実際の変化を生み出すことができる。

これは、大企業や政府機関での、より民主的な――透明性と説明責任――慣行を要求することの裏面である。スノーデンの暴露がもたらした課題は、我々皆に対してであり、世界的で、全ての段階にわたる。もし、大規模な機関が所有する個人データをどう処理しているかを今よりはるかに進んで開示する体質になることを我々が期待するならば、我々は自身についてそれ以下の水準で良いわけがない。民主的な参加は全ての共同体、全ての制度に影響する。そして至る所で、データ、特に個人データが様々な目的でますます自由に流通する。

だから、スノーデンの暴露が政府の透明性や説明責任の向上というような明らかにマクロレベルの要求に言及するだけではなく、日々のメタデータのミクロレベルでの利用にも光を当てるように、我々は日常生活の中でユビキタスデータにまつわる問題をより一層意識することが必要である。データを必要最低限にする、あるいは他者の、もちろん、自身の情報がソーシャルメディアの世界で、勤務先で、地域で、どのように使われているかに注意深くなる機会を我々は皆持っている。我々は、どんな規模であっても、身近な組織や慣行を民主化することができる。

これが、今日、監視やプライバシーの再構築を急き立てるさらなる理由だ。最悪の事態のシナリオは、我々に確実に再考を促す。特に、我々と同じような人々が自信をもって「ここではそんなことは起き得ない」と言っていたことを思い出すとき、それは起こり得るし、妨げられなければ、「ここ」がどこであれ、ここで起きるだろう。しかし、社会の想像上の**再構築**を試み、我々はどんな種類の相互伝達のデジタル世界を**真に**望むのかを考えるために立ち止まる。そうすれば、スノーデンによって暴露された徹底的に監視重視の社会がまったく好ましくないものに見えてくる。

そのような思考実験では、世界の権力者たちの陰謀ではなく、我々のありふれた日常のやり取りやつながりこそが第一に視界に入ってくる。そうすると、優先順位の正しい感覚を取り戻し、こんなところまで事態が進展することが許容されてきたことに対する憤り**および**これ以上は進展させないという決断が生じる。

スノーデンが我々に「管理された社会」かそれとも「自由な社会」か、どちらに住みたいかを尋ねるとき、彼はより大きな枠組みに我々が参加することを、そしてその時に我々が直面する根本的な倫理的問題と選択肢に気づくことを求めている。それは政治的な要請であり、分析的な結論ではない[37]。彼は、人々が比較的安全に暮らすことができ、あるいは、それが監視機関の存在によって立つ場合でさえも、そこから背を向けてはいない。あらゆる種類の人間の安全を追求する技術に裏打ちされた方法を模索することは自由の一形態だ。しかし、その自由の産物が、誰かと話したり連携する自由の日常的な享受を制限したり、政府の方針に異議を唱える自由を妨げたり、あるいは、ただ恐れなく生きることを抑制する場合には、何かひどく間違っていることが起こっている。(38)

スノーデン以降、監視はこれまでのようには受け止められないだろう。彼の暴露はたとえ不完全だとしても、事態を変えなければならないことを一点の曇りもなく示すのには十分である。公共の利益や人類の繁栄を促進する形で、言い換えると、我々の日常生活の情報交換やつながりにおいて、事態が改善されるとして、不必要な監視のない世界を想像しよう。我々は安全を定義し、改善する試みについて知らされ、是認する機会を持つことになる。また、それらの試みにおいては、我々のお互いへの配慮は、全ての種類の個人データに何が起きるかについての配慮といった次元にまで達する形で示される。

ビジネスと政府部門の相互関係がはっきりしていて、独立した機関による有意義な協議と仲介の機会も確保される世界を想像しよう。信頼と配慮が、ローカルな関係からグローバルな関係まで、デジタルなものであれ、対面のものであれ、芽吹き花開く世界を想像しよう。そのような未来に向けて、政治的、実践的、個人的に取り組むことは別の選択肢のヴィジョンによって活気づけられる。だから、ヴィジョンは不可欠なのだ。

結論で、前進するための、根拠があり実行可能ないくつかの方法を示唆する。

結論——言葉から行動へ

スノーデン以降、我々皆が監視についてより詳しく知ることになった。この本は、他の数冊の本と同様、そのうちのいくつかに言及した。章ごとに、我々が今知っていることへのスノーデンの貢献を強調しながら、今日の監視の背景や意味を検討してきた。うまくいけば、この議論は力を発揮するだろう。言葉は力があり、状況を変え得るから。

しかし、我々の言葉がどれほど力強く、巧みに選ばれているとしても、それらの状況は簡単には変わらないだろう。変化をもたらすのは実践である。新しい実践がどの次元においても必要とされる。企業の取締役会議室や政府の委員会室から、一般市民や消費者が毎日することまで、アルゴリズムを微調整するNSA工作員から宿題を終わらせるためにオンラインを使う高校生まで、個人データはデジタル時代においては様々な形で取り扱われることになる。これは以下に列挙する事柄が起きるに違いない、ということだ。

●変化の気運に取り組む

我々皆が毎日使っている技術について、より批判的に考え始めなければならない。ソーシャルメディアを利用することは、たわいもないお遊びではない。真剣だが罪のない行為ですらない。前述のように、携帯電話やコンピュータの毎日の利用法を変えることが、監視が発生する場面でのより大きな変化につながるだろう。これは、一般の人々がオンライン上での行動を変え始める際、自分の持ち場でできる極めて重要な一歩だ。(39)

●新しい実践を共有する

技術、政治、教育などの専門家は自らの考えを他者と共有することが必要だ。スノーデンがこの最たる例だが、各人が自分の職場や地域で、プライバシーを危険にさらさず、権利を踏みにじらず、民主主義を蝕むことのないように、コンピュータや携帯電話を利用するということが一体どういうことかを他の人が理解する手助けができるはずだ。一つのわかりやすい例としては、技術分野で働く人々は、不必要な監視を減らしたり無くしたりする技術について議論することができる。「初期設定や設計段階でのプライバシー条件の組み込み」は単なる掛け声にとどまらない。

●最も重要なことに集中する

大量監視について意図的に見過ごされてしまっていることは、スノーデンが明示したように、政府と民間企業における説明責任や透明性である。詳細な暴露の山から、重大な欠点の数々が大きな姿を現し、全てのことに影を落としている。説明責任や透明性はどうすれば促進され、監視の構造自体の一部になり得るのだろうか。これにはあらゆる次元での介入が必要で、たいていは、その仕事にあたる組織の参加が求められる。専門家集団、活動家の団体、政府の委員会といった組織だ。あるいは、編集者、政治家などへ手紙を送る、ブログ、オプエド、投稿、ツイートを書くなど、それぞれの環境において適切で可能なことをする。

●権力に対し真実を述べる

スノーデンの暴露は我々に馴染みの、日々の生活に深甚な影響を及ぼす。最も責任の重い地位にある人々は、このことを理解し、この問題への取り組みをも知る必要がある。これらの事柄が政治家、企業や技術の先導者、裁判官など影響力のある人々の目に切迫したものとして留まる機会が模索されなければならない。各分野の責任者の協力を仰ぎながら異なった戦術が求められるが、どんな経路であれ、事情に即した接近法が見つかるだろう。数多くのインターネット関連の非政府組織、ロビー、圧力団体は、スノーデンが暴露した監視実態についての説明責任と透明性を要求するために、それぞれの社会運動を形成してきた(40)。

●脆弱性への認識を高める

スノーデンのおかげでわかったことは、誰もが監視の対象となり、監視の「誤り」や不当さによって人生を破滅させられ得るということだ。しかし、他の者よりも脆弱なので、望まない眼差しからの特別な配慮や保護を必要とする者もいる。世間の目を引く少数派はこのわかりやすい事例だ。とりわけ、ムスリムといった少数派の人々は、メディアからテロリストの傾向があるとして誤って非難されてきた。分類上のカテゴリーのために監視下に置かれる人々もいる。ここでも、不当な苦難に反対する配慮の行き届いた戦略が必要だ。

●法律や政策に影響を与える

世界中での行動のための重要分野が二つある。第一に、監視組織、特に諜報機関に対する適切かつ実効力のある民主的な監督を達成すること。これは進行中の主要な政治的課題である。第二に、デジタル時代の特殊性を認めた大幅な法改正を要求すること。ほとんどの国々は、法律の点では、前世紀に取り残されている。法律は技術的、倫理的のどちらの面でも時代に即した形にする必要がある。どちらの行動分野も重要である。片方に集中し、もう一方に対処しないのは長期的に見て不十分である。

●忍耐強い持続力をもって変化を要求する

増大の一途をたどる大量監視に反対する圧力を緩める時ではない。実際の変化を生むために我々自身にかかる負荷も取り除く時ではない。けれども、必要とされている多くの変化は一夜にして起きはしない。物事の新しいやり方は、たいてい見たところゆっくりとしたペースで現れる。特にそれらが我々の日課に埋め込まれ、片や荘重を極める形で法律に納められるには時間がかかる。例えば、アメリカにおける過去の、ウォーターゲート事件やチャーチ委員会の経験が実を結ぶまでには長い年月を要した。

●なぜこれが重要かを思い出す

暗号プロトコルやプライバシートラストマークも大事だが、ほとんどの人々はそんなカテゴリーを気にせず仕事をする。大事なことは、怖がらず友達にメールし、心配せずグーグル検索し、緊張せずツイートし、尾行する相手やその理由に思い煩わず街を歩きまわり、仲間と落ち合うことだ。そして恐れずに公的なことに参加すること、監視者の目を気にせず生活することだ。これは、**人間の**安全保障の一部であり、人間関係の問題であり、人類の繁栄に決定的につながっている。

訳者あとがき

本書は、David Lyon, *Surveillance after Snowden* (Polity Press, 2015) を訳出したものである。

著者デイヴィッド・ライアンは、カナダ・クイーンズ大学の社会学教授で、同大設置の「監視研究センター」所長も務めている。彼は、特に、監視研究の領域で国際的にリードしてきた研究者であり、その著作の邦訳も、『監視社会』(河村一郎訳、青土社、二〇〇二年。原書は *Surveillance Society: Monitoring everyday life*, Open University Press, 2001)、『9.11 以後の監視』(田島泰彦監修、清水知子訳、明石書店、二〇〇四年。*Surveillance after September 11*, Blackwell, 2003)、『膨張する監視社会』(田畑暁生訳、青土社、二〇一〇年。*Identifying Citizens: ID Cards as Surveillance*, Polity Press, 2009)、『監視スタディーズ』(田島泰彦、小笠原みどり訳、岩波書店、二〇一一年。*Surveillance Studies*, Polity Press, 2007) などの形で少なからず刊行されてきた。また、最近ではジグムント・バウマンとの共著も邦訳された(『私たちが、すすんで監視し、監視される、この世界について』伊藤茂訳、青土社、二〇一三年。Zygmunt Bauman & David Lyon, *Liquid Surveillance: A Conversation*, Polity Press, 2012)。

本書の執筆・刊行の動機となり、著者が正面から取り組んだのは、言うまでもなく、エドワード・スノーデンにより暴露されたアメリカの国家安全保障局(NSA)のすさまじい盗聴実態だった(なお、スノーデンの暴露そのものについては、グレン・グリーンウォルド『暴露』田口俊樹、濱野大道、武藤陽生訳、新潮社、二〇一四年、およびルーク・ハーディング『スノーデンファイル』三木俊哉訳、日経BP社、二〇一四年を参照されたい)。スノーデンの暴露の意味やスノーデン後の監視の諸局面については本書で見事に活写されているので、直接それをお読みいただくこととして、ここでは感想を手短に記すとともに、日本との関りにつき少しだけ言及するにとどめる。

私たちが現代の監視に向き合うとき、一つは、監視される市民の透明性が増す一方で、監視機関の可視性は少なくなるというパラドクスが進行していること、また、市民は監視のターゲットであるだけでなく、携帯電話やソーシャルメディアの利用などを通して監視に関与し、参画する存在でもあること、さらに、監視の改善、克服のためには個人の権利の充足にとどまらず、公共的ヴィジョンの再構築が欠かせないこと、などの指摘を本書で読み、私にはとりわけ興味深く感じられた。

NSAに象徴されるような監視は日本には無縁なのだろうか。この点で、著者はウィキリークスを通して日本の内閣や日銀、大企業等もNSAの盗聴対象にされてきたことに注意を喚起している(「日本語版序文」)が、問題はこれにとどまらない。例えば、盗聴法の改正による盗聴対象の大幅な拡張が国会で審議されているし、将来的には室内盗聴の合法化も射程に収められ、また電子メールの通信履歴を法的に義務付ける企ても政府与党内で検討されている。さらには、国家安全保障会議の設置や特定秘密保護法の制定を受け、日本版のCIA、NSAとも言うべき本格的な対外諜報機関の創設さえ現実味を帯びつつある。その一方で、市民に番号を振り膨大な個人情報を官がコンピュータで収集・管理・利用する共通番号制も運用が始まっている。

監視カメラの増殖と強化、携帯電話やスマートフォン、ソーシャルメディア、コンピュータの普及と利用の増大などとも相まって、先のようなこの国の動きを考えると、スノーデンや本書が批判的に提起している現代の監視は、日本にとってけっして無関係とは言えないだろう。

本書の時事的、現在的な意味合いを考えて、早めの刊行を念頭に置いて作業を進めた。一応担当箇所を分担して訳出したが(日本語版序文、序文、謝辞、序章を田島、一、四、五の各章を大塚、二、三の各章を新津)、全体で検討、調整し、まとめた。なお、翻訳については、九谷浩之氏(立教大学講師)のご協力を頂き、感謝申し上げる。本書の編集に際しては、編集部の島村典行氏に訳稿についての的確で丁寧な指摘をはじめ多大なお世話を頂き、深く感謝したい。

訳者を代表して　田島泰彦

索　引

ア 行

カ 行

サ 行

タ 行

ナ 行

ハ 行

マ 行

ヤ 行

ラ 行

参考文献

Agamben, G.,'For a theory of destituent power', *Chronos*. Public lecture in Athens, 16 Nov. 2013. At http://www.chronosmag.eu/index.php/g-agamben-for-a-theory-of-destituent-power.html.

Al Jazeera,'Timeline of Edward Snowden revelations'Al Jazeera America, 2015.At http://america.aljazeera.com/articles/multimedia/timeline-edward-snowden-revelations.html/.

Altheide, D.,'The triumph of fear: connecting the dots about whistleblowers and surveillance', *International Journal of Cyber Warfare and Terrorism* 4.1(2014): 1–7.

Arendt, H., *Eichmann in Jerusalem: A Report on the Banality of Evil*. New York: Viking, 1963. ハンナ・アーレント『イェルサレムのアイヒマン――悪の陳腐さについての報告』(大久保和郎訳、みすず書房、1969年)。

Arendt, H., *Totalitarianism: Part Three of The Origins of Totalitarianism*. New York: Harcourt, Brace & World,1968. ハナ・アーレント『全体主義の起原 3』(大久保和郎・大島かおり訳、みすず書房、1974年)。

Assange, J., *When Google Met WikiLeaks*. New York: OR Books, 2014.

Ball, K. and Snider, L.(eds), *The Surveillance-Industrial Complex: Towards a Political Economy of Surveillance*. London: Routledge, 2014.

Ball, K. S. and Webster, F., *The Intensifi cation of Surveillance*. London: Pluto Press, 2003.

Bauman, Z. and Lyon, D., *Liquid Surveillance: A Conversation*. Cambridge: Polity, 2013. ジグムント・バウマン、デイヴィッド・ライアン『私たちが、すすんで監視し、監視される、この世界について:リキッド・サーベイランスをめぐる 7 章』(伊藤茂訳、青土社、2013年)。

Bauman, Z., Bigo, D., Esteves, P., Guild, E., Jabri, V., Lyon,D. and Walker, R. B., 'After Snowden: rethinking the impact of surveillance', *International Political Sociology* 8. 2(2014): 121–44.

Bennett, C. J., *The Privacy Advocates: Resisting the Spread of Surveillance*. Cambridge MA: MIT Press, 2008.

Bennett, C.,'In defence of privacy: the concept and the regime', *Surveillance & Society* 8.4(2011): 485–96.At http://library.queensu.ca/ojs/index.php/surveillance-and-society/article/view/4184/4186/.

Bennett, C. and Raab, C., *The Governance of Privacy: Policy Instruments in Global Perspective*. Cambridge, MA: MIT Press, 2006.

Bennett, C., Haggerty, K., Lyon, D. and Steeves, V.(eds), *Transparent Lives:*

Surveillance in Canada(also *Vivre à nu. La surveillance au Canada*). Edmonton: Athabasca University Press, 2014. At http://www.aupress.ca/index.php/books/120237.

Bigo, D.,'Globalized(in)security: the fi eld and the banopticon', in D. Bigo and A. Tsouskala(eds), *Terror, Insecurity and Liberty*. London: Routledge, 2008.

Bok, B., *Secrets: The Ethics of Concealment and Revelation*. New York: Vintage, 1989. シセラ・ボク『秘密と公開』(大澤正道訳、法政大学出版局、1997年)

Bok, S., *Secrets: The Ethics of Concealment and Revelation*. NewYork: Vintage, 1989.

boyd, d. and Crawford, K.,'Critical questions for big data: provocations for a cultural, technological,and scholarly phenomenon', *Information, Communication & Society* 15.5(2012): 662–79.

Breckenridge, K. and Szreter, S.(eds), *Registration and Recognition: Documenting the Person in World History*. Oxford: Oxford University Press, 2012.

Brodeur, J. P., *The Policing Web*. Oxford: Oxford University Press, 2010.

Campbell, D. and Connor, S., *On the Record: Surveillance,Computers and Privacy*. London: Michael Joseph,1986.

Castells, M., *The Rise of the Network Society*, vol. 1 of *The Information Age: Economy, Society and Culture*. Oxford: Blackwell, 1996; 2nd edn 2000. マニュエル・カステル『都市・情報・グローバル経済』(大澤善信訳、青木書店、1999年)。

Castells, M., *The Power of Identity*, vol. 2 of *The Information Age: Economy, Society and Culture*. Oxford: Blackwell, 1997; 2nd edn 2004.

Castells, M., *End of Millennium*, vol. 3 of *The Information Age: Economy, Society and Culture*. Oxford: Blackwell, 1998; 2nd edn 2000.

Castells, M., *The Internet Galaxy*. Oxford: Oxford University Press, 2001. マニュエル・カステル『インターネットの銀河系——ネット時代のビジネスと社会』(矢澤修次郎・小山花子訳、東信堂、2009年)。

Castells, M., *Communication Power*. Oxford: Oxford University Press, 2009.

Clarke, R. A., Morell, M. J., Stone, G. R., Sunstein, C. R. and Swire, P., *The NSA Report: Liberty and Security in a Changing World*. Princeton: Princeton University Press, 2014.

Clement, A.,'Canada's bad dream', *World Policy Journal*(Fall 2014). At http://www.worldpolicy.org/journal/fall2014/canada%27s-bad-dream/.

Cohen, J., *Confi guring the Networked Self: Law, Code, and the Play of Everyday Practice*. New Haven: Yale University Press, 2012.

Cohen, S., *Visions of Social Control*. Cambridge: Polity, 2012.

Coleman, G., *Hacker, Hoaxer, Whistleblower, Spy: The Many Faces of Anonymous*. London: Verso, 2014.

Dandeker, C., *Surveillance, Power and Modernity*. Cambridge: Polity, 1990.

Deibert, R., *Black Code: Surveillance, Privacy and the Dark Side of the Internet*. Toronto: Signal, 2013.

de Sola Pool, I., *Technologies of Freedom*. Cambridge, MA: Harvard University Press, 1983. イシエル・デ・ソラ・プール『自由のためのテクノロジー』(堀部政男監訳、東京大学出版会、1988 年)。

Dorfman, A.,'Repression by any other name', *Guernica*, 3Feb. 2014. At https://www.guernicamag.com/features/repression-by-any-other-name/.

Edwards, P., *Closed Worlds: Computers and the Politics of Discourse in Cold War America*. Cambridge, MA: MIT Press, 1996. P・N・エドワーズ『クローズド・ワールド―コンピュータとアメリカの軍事戦略』(深谷庄一監訳、日本評論社、2003 年)。

Eggers, D., *The Circle*. New York: Vintage, 2013. デイヴ・エガーズ『ザ・サークル』(吉田恭子訳、早川書房、2014 年)

Ellul, J., *The Technological Society*. New York: Vintage, 1967. ジャック・エリュール『エリュール著作集 1　技術社会　上』(島尾永康・竹岡敬温 訳、すぐ書房、1975 年)、同『エリュール著作集 2　技術社会　下』(鳥巣美知郎・倉橋重史訳、すぐ書房、1976 年)

Fidler, D. P.(ed.), *The Snowden Reader*. Bloomington: Indiana University Press, 2015.

Fieschi, C.,'The social value of privacy', in C. Edwards and C. Fieschi(eds), *UK Confi dential*. London: Demos, 2008. At http://www.demos.co.uk/files/UK%20confi dential%20-%20web.pdf.

Fuchs, C.,'Critique of the political economy of Web 2.0 surveillance', in C. Fuchs, K. Boersma, A. Albrechtslund and M. Sandova(eds), *Internet and Surveillance: Challenges of Web 2.0 and Social Media*. London: Routledge, 2012.

Fuchs, C., *Social Media: A Critical Introduction*. London: Sage, 2014.

Fuchs, C., Boersma, K., Albrechtslund, A. and Sandoval, M.(eds), *Internet and Surveillance: Challenges of Web 2.0 and Social Media*. London: Routledge, 2012.

Gandy, O. H., Jr, *Coming to Terms with Chance: Engaging Rational Discrimination and Cumulative Disadvantage*. Farnham, UK: Ashgate, 2009.

Garland, D., *The Culture of Control: Crime and Social Order in Contemporary Society*. Chicago: University of Chicago Press, 2002.

Geist, M.(ed.), *Law, Privacy and Surveillance in Canada in the Post-Snowden*

Era, Ottawa: University of Ottawa Press, 2015. Available under a Creative Commons licence at http://www.ruor.uottawa.ca/handle/10393/32424/.

Gerovitch, S.,'The cybernetics scare and the origins of the internet', *Baltic Worlds* 11. 1(2010): 32–8. At http://balticworlds.com/the-cybernetics-scare-and-the-origins-of-the-internet/.

Gibson, W.,'Burning Chrome', *Omni*, July 1982. ウィリアム・ギブスン『クローム襲撃』(浅倉久志ほか訳、ハヤカワ文庫 SF、1987 年)。

Gibson, W., *Neuromancer*. New York: Ace, 1984. ウィリアム・ギブスン『ニューロマンサー』(黒丸尚訳、ハヤカワ文庫 SF、1986 年)。

Giroux, H.,'Totalitarian paranoia in the post-Orwellian surveillance state', *Cultural Studies*, online 14 May 2014. At http://dx.doi.org/10.1080/09502386.2014.917118.

Greenwald, G., *No Place to Hide: Edward Snowden, the NSA and the US Surveillance State*. New York: Metropolitan Books; Toronto: Signal, 2014. グレン・グリーンウォルド『暴露――スノーデンが私に託したファイル』(田口俊樹・濱野大道・武藤陽生訳、新潮社、2014 年)。

Haggerty, K. and Ericson, R., *Policing the Risk Society*. Toronto: University of Toronto Press, 1997.

Haggerty, K. and Ericson, R.,'The surveillance assemblage', *British Journal of Sociology* 51. 4(2000): 605–22.

Haggerty, K. D. and Samatas, M.(eds), *Surveillance and Democracy*. London: Routledge, 2010.

Hampton, K., Rainie, L., Lu, W., Dwyer, M., Shin, I. and Purcell, K., *Social Media and the 'Spiral of Silence'*. Pew Research Internet Project, 26 Aug. 2014. At http://www. pewinternet.org/2014/08/26/social-media-and-the-spiral-of-silence/#fn-11806-1/.

Hand, M., *Making Digital Cultures*. London: Ashgate, 2008.

Harris, S., *The Watchers: The Rise of America's Surveillance State*. London: Penguin, 2013.

Innis, H. A., *The Bias of Communication*. Toronto: University of Toronto Press, 1962.

Keizer, G., *Privacy*. New York: Picador, 2012.

Kitchin, R., *The Data Revolution: Big Data, Open Data, Data Infrastructures and Their Consequences*. London: Sage, 2014.

Kitchin, R.,'Thinking critically about and researching algorithms', Social Science Research Network,28 Oct. 2014. At http://papers.ssrn.com/so13/papers.cfm?abstract_id=2515786.

Kraemer, F., van Overveld, K. and Peterson, M.,'Is there an ethics of algo-

rithms?', *Ethics of Information Technology* 13(2011): 251–60.

Larsen, E., *The Naked Consumer: How Our Private Lives Become Public Commodities*. New York: Penguin Books, 1994.

Levitas, R., *Utopia as Method: The Imaginary Reconstitution of Society*. London: Palgrave Macmillan, 2013.

Lovell, G.,'The archive that never was: state terror and historical memory in Guatemala', *Geographical Review* 103. 2(2013): 199–209.

Lyon, D., *The Information Society: Issues and Illusions*. Cambridge: Polity, 1988. デビッド・ライアン『新・情報化社会論――いま何が問われているか』(小松崎清介監訳、コンピュータ・エージ社、1990 年)。

Lyon, D., *The Electronic Eye: The Rise of the Surveillance Society*. Cambridge: Polity, 1994.

Lyon, D., *Surveillance Society: Monitoring Everyday Life*. Buckingham, UK: Open University Press,2001. デイヴィッド・ライアン『監視社会』(河村一郎訳、青土社、2002 年)

Lyon, D., *Surveillance after September 11*. Cambridge: Polity, 2003. D・ライアン『9・11 以後の監視――〈監視社会〉と〈自由〉』(田島泰彦監修、清水知子訳、明石書店、2004 年)。

Lyon, D.(ed.), *Surveillance as Social Sorting: Privacy, Risk and Digital Discrimination*. London: Routledge, 2003.

Lyon, D.,'A Sociology of information', in C. Calhoun, C. Rojek and B. Turner (eds), *The Sage Handbook of Sociology*. London: Sage, 2005, pp. 222–35.

Lyon, D., *Surveillance Studies: An Overview*. Cambridge: Polity, 2007. デイヴィッド・ライアン『監視スタディーズ――「見ること」「見られること」の社会理論』(田島泰彦・小笠原みどり訳、岩波書店、2011 年)。

Lyon, D.,'Being post-secular in the social sciences: Taylor's social imaginaries', *New Blackfriars* 91(2010): 648–62.

Lyon, D.,'The emerging surveillance culture', in A. Jansson and M. Christiansen(eds), *Media, Surveillance and Identity*. New York: Peter Lang, 2014, pp. 71–88.

Lyon, D.,'Surveillance and the eye of God', *Studies in Christian Ethics* 27. 1 (2014): 1–12.

Lyon, D.,'Surveillance, Snowden and big data: capacities, consequences, critique', *Big Data & Society* 1. 1(2014). At http://bds.sagepub.com/content/1/2/2053951714541861.abstract/.

Lyon, D. and Topak, O.,'Promoting global identifi cation: corporations, IGOs and ID card systems', in K. Ball and L. Snider(eds), *The Surveillance-Industrial Complex: Towards a Political Economy of Surveillance*. London: Routledge, 2014, pp. 27–43.

Marquez, X.,'Spaces of appearance and spaces of surveillance', *Polity* 44 (2012): 6–31.Marquis-Boire, M.,'Schrodinger' s cat video and the death of clear-text', Citizen Lab, Research Brief 46, 15 Aug. 2014. At https://citizenlab.org/2014/08/cat-video-and-the-death-of-clear-text/.

Marwick, A., 'The public domain: social surveillance in everyday life', *Surveillance & Society* 9. 4(2012): 378–93. At http://library.queensu.ca/ojs/index.php/surveillance-and-society/article/viewFile/pub_dom/pub_dom/.

Marwick, A., *Status Update: Celebrity, Publicity and Branding in the Social Media Age*. New Haven: Yale University Press, 2013.

Marx, G., *Undercover: Police Surveillance in America*. Berkeley :University of California Press, 1988.

Mayer, J.,'The secret sharer', *New Yorker*, 23 May 2011. At http://www.newyorker.com/magazine/2011/05/23/the-secret-sharer/.

Menzies, H.,'Digital networks: the medium of communication, and the message', *Canadian Journal of Communication* 24.4(1999), at http://www.cjc-online.ca/index.php/journal/article/view/1125/1033/.

Mosco, V., *To the Cloud: Big Data in a Turbulent World*. Boulder, CO: Paradigm, 2014. Murakami Wood, D.(ed.), *A Report on the Surveillance Society*. Wilmslow, UK: Offi ce of the Information Commissioner, 2006. Summary report at https://ico.org.uk/media/about-the-ico/documents/1042391/surveillance-society-summary-06.pdf.

Murakami Wood, D. and Ball, K.,'Brandscapes of control? Surveillance, marketing and the co-construction of subjectivity and space in neo-liberal capitalism', *Marketing Theory* 13. 1(2013): 47–67. 9–11 Commission, *The 9/11 Commission Report*. National Commission on Terrorist Attacks upon the United States,2004. At http://govinfo.library.unt.edu/911/report/.

Nissenbaum, H., *Privacy in Context: Technology, Policy and the Integrity of Social Life*. Stanford: Stanford Law Books, 2009.

Pariser, E., *The Filter Bubble: What the Internet Is Hiding from You*. New York: Penguin, 2011. イーライ・パリサー『閉じこもるインターネット――グーグル・パーソナライズ・民主主義』(井口耕二訳、早川書房、2012年)。

Pen American Center, *Chilling Effects: NSA Surveillance Drives Writers to Self-Censor*, research by the FDR Group, PEN International, 12 Nov. 2013. At http://www.pen-international.org/read-pen-american-centres-report-chilling-effects-nsa-surveillance-drives-writers-to-self-censor/.

Poitras, L.(dir.), *Citizenfour*. Documentary fi lm produced by L. Poitras, M. Bonnefoy and D. Wilutzky, 2014.

Regan, P., *Legislating Privacy: Technology, Social Values and Public Policy* (1995). Durham: University of North Carolina Press, 2009.

Savage, M.,'Digital fields, networks and capital: sociology beyond structures and fluids', in K. Orton-Johnson and N. Prior (eds), *Digital Sociology: Critical Perspectives* (Basingstoke, UK: Palgrave Macmillan, 2013, pp, 139–50.
Sayer, A., *Why Things Matter to People: Social Science, Values and Ethical Life*. Cambridge: Cambridge University Press, 2011.
Schiller, D.,'How to think about information', in V. Mosco and J. Wasko (eds), *The Political Economy of Information*. Madison: University of Wisconsin Press, 1988, pp. 27–44.
Schoenhals, M., *Spying for the People: Mao' s Secret Agents 1949–1965*. Cambridge: Cambridge University Press, 2013.
Smist, F. J., Jr, *Congress Oversees the United States Intelligence Community, 1947–1989*. Knoxville: University of Tennessee Press, 1990.
Snowden Digital Surveillance Archive. Project partners:Canadian Journalists for Free Expression (CJFE) and the Politics of Surveillance Project at the Faculty of Information at the University of Toronto, 2015. At https://snowed narchive.cjfe.org/greenstone/cgi-bin/library.cgi.
Solove, D., *The Digital Person: Technology and Privacy in the Information Age*. New York: New York University Press, 2004.
Solove, D., *Nothing to Hide: The False Tradeoff between Privacy and Security*. New Haven: Yale University Press, 2012.
Steeves, V.,'Reclaiming the social value of privacy', in I. Kerr,C. Lucock and V. Steeves (eds), *Lessons from the Identity Trail: Anonymity, Privacy and Identity in a Networked Age*. Oxford: Oxford University Press, 2009.
Steeves, V., *Young Canadians in a Wired World, Phase III: Online Privacy, Online Publicity*. Ottawa: MediaSmarts, 2014. At http://mediasmarts.ca/sites/mediasmarts/files/pdfs/publication-report/full/YCWWIII_Online_Privacy_Online_Publicity_FullReport.pdf/.
Stoddart, E., *Theological Perspectives on a Surveillance Society*. London: Ashgate, 2012.
Taylor, C., *A Secular Age*. Cambridge, MA: Harvard University Press, 2007.
Taylor, E., *Surveillance Schools: Security, Discipline and Control in Contemporary Education*. London: Macmillan, 2013.
Trottier, D., *Social Media as Surveillance: Rethinking Visibility in a Converging World*. London: Ashgate, 2012.
Trottier, D. and Lyon, D.,'Key features of social media surveillance', in C. Fuchs, K. Boersma, A. Albrechtslund and M. Sandova (eds), *Internet and Surveillance: Challenges of Web 2.0 and Social Media*. London: Routledge, 2012.
Williams, R., *Orwell*. London: Fontana, 1971.

Wolin, S., *Democracy Incorporated: Managed Democracy and the Specter of Inverted Totalitarianism*. Princeton: Princeton University Press, 2010.

Wolterstorff, N., *Journey toward Justice: Personal Encounters in the Global South*. Grand Rapids, MI: Baker Academic, 2013.

Zedner, L., *Security*. London: Routledge, 2009.

Zureik, E.,'The cross-cultural study of privacy', in E. Zureik,L. Harling Stalker, E. Smith, D. Lyon and Y. E. Chan(eds), *Surveillance, Privacy and the Globalization of Personal Information*. Montreal and Kingston: McGill-Queen's University Press, 2010.

注

日本語版序文

＊1　https://wikileaks.org/nsa-japan/.

＊2　James Bamford, 'Edward Snowden: The untold story' Wired August 2014 at http://www.wired.com/2014/08/edward-snowden/.

＊3　http://www.theguardian.com/us-news/2015/aug/26/obama-calls-japan-regret-for-wikileaks-spying.

序　文

＊1　2年おきにドイツ学者協会(the Vereinigung Deutscher Wissenscaftler)および核兵器に反対する国際法律家連盟ドイツ支部(the German Section of the International Association of Lawyers against Nuclear Arms)に授与される賞。

＊2　V. Kessler, 'Edward Snowden wins Snowden's "Alternative Nobel Prize"', Reuters, 24 Sept. 2014, at http://in.reuters.com/article/2014/09/24/sweden-snowden-award-nobel-idINKCN0HJ1O920140924/.

＊3　手始めとして、D. Lyon, 'Surveillance and the eye of God', Studies in Christian Ethics 27.1(2014)pp. 1－12 参照。

序章　CITIZENFOUR の警告

エピグラフ：ローラ・ポイトレス監督のドキュメンタリー映画「Citizenfour」(2014 年)の冒頭場面において大きな声で読み上げられた電子メール。

(1)　この講演は以下で公刊されている。D. Lyon, 'The emerging surveillance culture', in A. Jansson and M. Christiansen(eds), *Media, Surveillance and Identity* (New York: Peter Lang, 2014), pp. 71–88.

(2)　以前の NSA 内部告発者には、マーク・クレイン、ウイリアム・ビニー、トーマス・ドレイクが含まれる。調査報道ジャーナリストのジェイムズ・バムフォードと歴史家のマシュー・エイドもまた NSA について(NSA にとっては)歓迎されない光を当てていた。

(3)　このことはもちろん監視の**経済学**が、今日展開していいる話の重要な構成要素であることを思い起こさせる。例えば、K. Ball and L. Snider(eds), *The Surveillance-Industrial Complex: Towards a Political Economy of Surveillance* (London: Routledge, 2014). This theme is also picked up in J. Assange, *When Google Met WikiLeaks* (New York: OR Books, 2014).

(4)　「オープンソース」諜報の考え方は、情報収集の新たな機会が提供されるオンライン上の情報豊富な通信へのアクセスの一つとして 1990 年代半ばに

生まれたが、その利用は9.11後のソーシャルメディアの発展以降、公然と明白になった。

(5) 面白いことに、スノーデンは(レイ・ブラッドベリー、フィリップ・K・デック、J・D・バラードのような)他に関係する作家たちについてはコメントしていない。

(6) G. Witte, 'Snowden says government spying worse than Orwellian', *Washington Post*, 25 Dec. 2013, at http://www.washingtonpost.com/world/europe/snowden-says-spying-worse-than-orwellian/2013/12/25/e9c806aa-6d90-11e3-a5d0-6f31cd74f760_story.html.

(7) D. Altheide, 'The triumph of fear: connecting the dots about whistle-blowers and surveillance', *International Journal of Cyber Warfare and Terrorism* 4.1(2014): 1–7.

(8) その話は以下で読むことができる。G. Greenwald, *No Place to Hide: Edward Snowden, the NSA, and the US Surveillance State* (NewYork: Metropolitan Books; Toronto: Signal, 2014). グレン・グリーンウォルド『暴露――スノーデンが私に託したファイル』(田口俊樹・濱野大道・武藤陽生訳、新潮社、2014年)。

(9) スノーデン・デジタル監視アーカイブ。プロジェクトパートナーは、表現の自由のためのカナダジャーナリスト(CJFE)およびトロント大学情報学部監視政治学プロジェクト(2015年)である。at https://snowdenarchive.cjfe.org/greenstone/cgi-bin/library.cgi; as well as e.g. Al Jazeera,'Timeline of Edward Snowden revelations', Al Jazeera America,2013, at http://america.aljazeera.com/articles/multimedia/timeline-edward-snowden-revelations.html/; and a summary for Canada at https://www.christopher-parsons.com/writings/cse-summaries/.

(10) 著名な公的人物についての監視のほうが一般市民(今回の場合、ドイツ市民)の大量監視よりもメディアの関心を多く集めるということが、もちろん今日の有名人文化の兆候を示している。と同時に、他国の指導者をスパイするのはNSAだけではない。ドイツもまたジョン・ケリーやヒラリー・クリントンのような著名なアメリカ人を監視してきた。M. Williams, 'Germany "spied" on John Kerry and Hillary Clinton-Der Spiegel', *The Guardian*, 16 Aug. 2014, at http://www.theguardian.com/world/2014/aug/16/germany-spied-john-kerry-hillary-clinton-der-spiegel/.

(11) D. Rushe, 'Sim card database hack gave US and UK access to billions of cellphones', *The Guardian*, 19 Feb. 2015, at http://www.theguardian.com/us-news/2015/feb/19/nsa-gchq-sim-card-billions-cellphones-hacking.

(12) G. Weston, G. Greenwald and R. Gallagher, 'New Snowden docs show US spied during G20 in Toronto', *CBC News*, 27 Nov. 2013, at http://www.cbc.ca/m/touch/news/story/1.2442448/.

(13) L. Kelion, 'Snowden leaks: GCHQ "spied on Facebook and YouTube"', *BBC News*, 28 Jan. 2014, at http://www.bbc.com/news/technology-25927844.

(14) C. Bennett, K. Haggerty, D. Lyon and V. Steeves (eds), *Transparent Lives: Surveillance in Canada* (also *Vivre a nu. La surveillance au Canada*) (Edmonton: Athabasca University Press, 2014), at http://www.aupress.ca/index.php/books/120237.

(15) N. M. Richards and J. H. King, 'Three paradoxes of big data', *Stanford Law Review Online* 66.41 (2013): 41–6.

(16) 「点をつなげる」というのはアメリカ国土安全保障省と結びついた言葉である。それは、使用可能な情報を子どものパズル――そこでは、ページ上の点が鉛筆の線とつながるとき絵が現れる――になぞらえるものである。**9. 11 委員会報告**は、「完全であらゆるソースからの分析の重要性は、言い過ぎるということはない。それなしでは、「点をつなげる」ことは可能とならない」と述べて、その言葉の使用を正当化し続けた。9-11 Commission, *The 9/11 Commission Report*, National Commission on Terrorist Attacks upon the United States, 2004, at http://govinfo.library.unt.edu/911/report/.

(17) 2054年のアメリカを想定した2002年のスピルバーグによるSFスリラーを指している。そこでは、犯罪が実際に発生する前に犯罪、特に謀殺が起きることを防ぐ特別な手段を犯罪予防省が用いるとされている。

(18) Z. Bauman and D. Lyon, *Liquid Surveillance: A Conversation* (Cambridge: Polity, 2013). ジグムント・バウマン、デイヴィッド・ライアン『私たちが、すすんで監視し、監視される、この世界について：リキッド・サーベイランスをめぐる7章』(伊藤茂訳、青土社、2013年)。

(19) Ball and Snider, *The Surveillance-Industrial Complex*.

第1章 スノーデンの嵐

エピグラフ：Alan Rusbridger と Ewen MacAskill によるインタビュー。「エドワード・スノーデンインタビュー 編集版」'Edward Snowden interview-the edited transcript', *The Guardian*, 18 July 2014, at http://www.theguardian.com/world/2014/jul/18/-sp-edward-snowden-nsa-whistleblower-interview-transcript/.

(1) 民主主義、説明責任、監視政策の疑問については、第4章、第5章で詳細に検討する。

(2) M. Klein, *Wiring up the Big Brother Machine . . . and Fighting It* (Charleston, SC: Booksurge, 2009); J. Bamford, *The Shadow Factory: The Ultra-Secret NSA from 9/11 to the Eavesdropping on America* (New York: Doubleday, 2008).

(3) A. Clement, 'NSA surveillance: exploring the geographies of internet interception', in *iConference 2014 Proceedings* (2014), pp. 412–25, doi:10.9776/

14119, at https://www.ideals.illinois.edu/bitstream/handle/2142/47305/119_ready.pdf?sequence=2.

(4) G. Greenwald, 'The NSA's mass and indiscriminate spying on Brazilians', *The Guardian*, 7 July 2013, at http://www.theguardian.com/commentisfree/2013/jul/07/nsa-brazilians-globo-spying/.

(5) B. Gellman and T. Lindeman, 'Inner workings of a topsecret spy program', *Washington Post*, 29 June 2013, at http://apps.washingtonpost.com/g/page/national/inner-workings-of-a-top-secret-spy-program/282/.

(6) Spiegel staff, 'Quantum spying: GCHQ used fake LinkedIn pages to target engineers', *Der Spiegel*, 11 Nov. 2013, at http://www.spiegel.de/international/world/ghcq-targets-engineers-with-fake-linkedin-pages-a-932821.html.

(7) D. Murakami Wood and K. Ball, 'Brandscapes of control? Surveillance, marketing and the co-construction of subjectivity and space in neo-liberal capitalism', *Marketing Theory* 13.1(2013): 47–67.

(8) J. Mayer, 'The secret sharer', *New Yorker*, 23 May 2011, at http://www.newyorker.com/magazine/2011/05/23/the-secret-sharer/.

(9) ウェーバーとアーレントには現在監視として知られていることについて言うべきことがたくさんある。個人に関する官僚主義的記録を保持することについて(ウェーバー)、「現れの空間」において権力がいかに生成されるかについて(アーレント)。例えば、C. Dandeker, *Surveillance, Power and Modernity* (Cambridge: Polity, 1990) and X. Marquez, 'Spaces of appearance and spaces of surveillance', *Polity* 44 (2012): 6–31.

(10) この点について、D. Lyon, *The Electronic Eye: The Rise of the Surveillance Society* (Cambridge: Polity, 1994), ch. 2.

(11) G. Greenwald, 'NSA collecting phone records of millions of Verizon customers daily', *The Guardian*, 5 June 2013, at http://www.theguardian.com/world/2013/jun/06/nsa-phone-records-verizon-court-order/.

(12) D. Lyon(ed.), *Surveillance as Social Sorting: Privacy, Risk and Digital Discrimination* (London: Routledge, 2003).

(13) P. Regan, *Legislating Privacy: Technology, Social Values and Public Policy* (1995; Durham: University of North Carolina Press, 2009); C. Bennett and C. Raab, *The Governance of Privacy: Policy Instruments in Global Perspective* (Cambridge, MA: MIT Press, 2006); and V. Steeves, 'Reclaiming the social value of privacy', in I. Kerr, C. Lucock and V. Steeves(eds), *Lessons from the Identity Trail: Anonymity, Privacy and Identity in a Networked Age* (Oxford: Oxford University Press, 2009).

(14) 例えば、F. J. Smist, Jr, *Congress Oversees the United States Intelligence Community, 1947–1989* (Knoxville: University of Tennessee Press, 1990), and final report of the Royal Commission of Inquiry into Certain Activities

of the Royal Canadian Mounted Police (McDonald Commission), Ottawa, 1981.

(15) 制限がないことに関する批判として、H. Giroux, 'Totalitarian paranoia in the post-Orwellian surveillance state', *Cultural Studies*, online 14 May 2014, at http://dx.doi.org/10.1080/09502386.2014.917118.

(16) 例えば、'We know where you live', *NOVA*, PBS documentary, season 17, aired 27 Nov. 1990, and later the book by E. Larsen, *The Naked Consumer: How Our Private Lives Become Public Commodities* (New York: Penguin Books, 1994).

(17) G. Marx, *Undercover: Police Surveillance in America* (Berkeley: University of California Press, 1988), p. 207.

(18) これらの展開は以下で議論されている。Lyon, *The Electronic Eye*, D. Lyon, *Surveillance Society: Monitoring Everyday Life* (Buckingham, UK: Open University Press, 2001). デイヴィッド・ライアン『監視社会』(河野一郎訳、青土社、2002年)。D. Lyon, *Surveillance Studies: An Overview* (Cambridge: Polity, 2007). デイヴィッド・ライアン『監視スタディーズ――「見ること」「見られること」の社会理論』(田島泰彦、小笠原みどり訳、岩波書店、2011年)。

(19) Lyon, *Surveillance Society*, and D. Murakami Wood (ed.), *A Report on the Surveillance Society* (Wilmslow, UK: Offi ce of the Information Commissioner, 2006) and the summary report at https://ico.org.uk/media/about-the-ico/documents/1042391/surveillance-society-summary-06.pdf.

(20) D. Lyon, *Surveillance after September 11* (Cambridge: Polity,2003), pp. 92f. デイヴィッド・ライアン『9.11以後の監視――〈監視社会〉と〈自由〉』(田島泰彦監修、清水知子訳、明石書店、2004年)。TIAプログラムについての優れた論証は、S. Harris, *The Watchers* (London: Penguin, 2013).

(21) A. Marwick, 'The public domain: social surveillance in everyday life', *Surveillance & Society* 9.4 (2012): 378–93, at http://library.queensu.ca/ojs/index.php/surveillance-and-society/article/viewFile/pub_dom/pub_dom/; D. Trottier, *Social Media as Surveillance* (London: Ashgate, 2012).

(22) J. Lynch, 'New FOIA documents reveal DHS social media monitoring during Obama inauguration', Electronic Frontier Foundation, 13 Oct. 2010, at https://www.eff.org/deeplinks/2010/10/new-foia-documents-reveal-dhs-social-media.

(23) K. S. Ball and F. Webster (eds), *The Intensifi cation of Surveillance* (London: Pluto Press, 2003).

(24) D. Lyon, 'Surveillance, Snowden and big data: capacities, consequences, critique', *Big Data & Society* 1.1 (2014), at http://bds.sagepub.com/content/1/2/2053951714541861.abstract/.

(25) 以前に国防高等研究計画局(DARPA)のウェブサイトが以下のアドレスにあった。at www.darpa.mil/iao/TIAsystems.htm/.
(26) 例えば、G. Keizer, *Privacy* (New York: Picador, 2012).
(27) Lyon, 'Surveillance, Snowden and big data'.
(28) これについてさらに、C. Bennett, K. Haggerty, D. Lyon and V. Steeves (eds), *Transparent Lives: Surveillance in Canada* (also *Vivre a nu. La surveillance au Canada*)(Edmonton: Athabasca University Press, 2014), at http://www.aupress.ca/index.php/books/120237.
(29) E. Taylor, *Surveillance Schools: Security, Discipline and Control in Contemporary Education* (London: Macmillan, 2013).
(30) G. Agamben, 'For a theory of destituent power', *Chronos*, public lecture in Athens, 16 Nov. 2013, at http://www.chronosmag.eu/index.php/g-agamben-for-a-theory-of-destituent-power.html.
(31) 例えば、D. Lyon and O. Topak, 'Promoting global identifi cation: corporations, IGOs and ID card systems', in K. Ball and L. Snider(eds), *The Surveillance-Industrial Complex: Towards a Political Economy of Surveillance* (London: Routledge, 2014), pp. 27–43.
(32) V. Mosco, *To the Cloud: Big Data in a Turbulent World* (Boulder, CO: Paradigm, 2014), p. 77.
(33) 同上
(34) M. Marquis-Boire, 'Schrodinger's cat video and the death of clear-text', Citizen Lab, Research Brief 46, 15 Aug. 2014, at https://citizenlab.org/2014/08/cat-video-and-the-death-of-clear-text/.
(35) C. Timberg and E. Nakashima, 'Agreements with private companies protect access to cables' data for surveillance', *Washington Post*, 6 July 2013, at http://www.washingtonpost.com/business/technology/agreements-with-private-companies-protect-usaccess-to-cables-data-for-surveillance/2013/07/06/aa5d017a-df77-11e2-b2d4-ea6d8f477a01_story.html.
(36) Bennett et al., *Transparent Lives*, p. 113 の地図より。
(37) 例えば、Dropbox である。Z. Bauman, D. Bigo, P. Esteves, E. Guild, V.Jabri, D. Lyon and R. B. Walker, 'After Snowden: rethinking the impact of surveillance', *International Political Sociology* 8.2(2014): 121–44, at 123.
(38) R. Gallagher and G. Greenwald, 'Canada casts global surveillance dragnet over fi le downloads', *The Intercept*, 28 Jan. 2015, at https://f irstlook.org/the intercept/2015/01/28/canada-cse-levitation-mass-surveillance.
(39) 例えば、D. Bigo, 'Globalized(in)security: the fi eld and the banopticon', in D. Bigo and A. Tsouskala(eds), *Terror, Insecurity and Liberty* (London: Routledge, 2008). Bauman et al., 'After Snowden', 124–31, and Lyon and Topak, 'Promoting global identifi cation' も参照。

(40) Bauman et al., 'After Snowden', 125.
(41) Ball and Snider, *The Surveillance-Industrial Complex*.
(42) K. Haggerty and R. Ericson, *Policing the Risk Society* (Toronto: University of Toronto Press, 1997).
(43) J. P. Brodeur, *The Policing Web* (Oxford: Oxford University Press, 2010).
(44) 特にイギリスのOxford Internet Instituteのような部署の助力による。at http://www.oii.ox.ac.uk, or the Pew 'Internet and American Life' project in the US, at http://www.pewinternet.org.
(45) 例えば、C. Fuchs, *Social Media: A Critical Introduction* (London: Sage, 2014); Marwick, 'The public domain'; Trottier, *Social Media as Surveillance*.
(46) Giroux, 'Totalitarian paranoia'.
(47) 以下に掲載の、監視社会におけるソーシャルネットワーキングサイトについての調査報告書 at www.sns3.uti.at.dd29412.kasserver.com/?page_id=24.
(48) Bennett et al., *Transparent Lives*, p. 84.

第2章　世界中の監視

エピグラフ：「エドワード・スノーデン、SXSW、完全文字起こしとビデオ」、SXSW会議、オースティン、テキサス、2014年3月10日。http://blog.inside.com/blog/2014/3/10/edwardsnowden-sxsw-full-transcription-and-video.
(1) D. E. Sanger and M. Fackler, 'NSA breached North Korean networks before Sony attack, officials say', *New York Times*, 18 Jan. 2015, at http://www.nytimes.com/2015/01/19/world/asia/nsa-tapped-into-north-korean-networks-before-sonny-attack-officials-say.html
(2) J. Appelbaum, A. Gibson, C. Guarnieri, A. Muller-Maguhn, L. Poitras, M. Rosenbach, L. Ryge, H. Schmundt and M. Sontheimer, 'The digital arms race: NSA preps America for future battle', *Der Spiegel*, 17 Jan. 2015, at http://www.spiegel.de/internatiuonal/world/new-snowden-docs-indicate-scope-of-nsa-preparations-for-cyber-battle-a-1013409.html.
(3) J. Kirk, 'Google to encrypt Cloud Storage data by default', *PC World*, 15 Aug. 2013, at http://www.pcworld.com/article/2046802/google-to-encrypt-cloud-storage-data-by-default.html.
(4) G. Greenwald, *No Place to Hide: Edward Snowden, the NSA and the US Surveillance State* (New York: Metropolitan Books, 2014), p. 6. 前掲『暴露』16ページ。
(5) D. Lyon, 'Sociology of information', in C. Calhoun, C. Rojek and B. Turner (eds), *The Sage Handbook of Sociology* (London: Sage, 2005).
(6) ジョン・ポンデクスターの経歴には一言する価値がある。TIAに関わる

前の彼はアメリカ海軍の将校であり、次いでレーガンの時代にはNSAのアドバイザーの一人であった。1990年にイラン—コントラ事件における彼の役目に関わって、数件の罪状で重罪と宣告されるが、その有罪判決は1991年に覆った。

(7) I. de Sola Pool, *Technologies of Freedom*(Cambridge, MA: Harvard University Press, 1983). イシエル・デ・ソラ・プール『自由のためのテクノロジー』(堀部政男監訳、東京大学出版会、1988年)。

(8) 「データパケット」とはフォーマット化したデータ単位のことで、「ビットストリーム」においてというよりむしろ、一緒にクラスタ化したネットワークの間で転換される。異なるネットワークは異なるタイプの流通をサポートする。

(9) この主題に関して私が出版した最初の本の一つがD. Lyon, *The Information Society: Issues and Illusions*(Cambridge: Polity, 1988)であった。デイヴィッド・ライアン『新・情報化社会論——いま何が問われているか』(小松崎清介監訳、コンピュータ・エイジ社、1990年)。

(10) M. Hand, *Making Digital Cultures*(London: Ashgate, 2008).

(11) これは、C. Bennett, K. Haggerty, D. Lyon and V. Steeves, *Transparent Lives: Surveillance in Canada*(Edmonton: Athabasca University Press, 2014)の中で重要な監視の潮流として議論されている。

(12) この物語はR. Kitchin, *The Data Revolution* (London: Sage, 2014)の中で上手に語られている。

(13) このことは、D. Lyon, *Surveillance after September 11*(Cambridge: Polity, 2003)で議論されている。前掲『9・11以後の監視』。

(14) 情報の自由(FoI)の請求は電子プライバシー情報センターによってなされた。'EPIC v. Department of Homeland Security: media monitoring', Electronic Information Privacy Information Center, at https://epic.org/foia/epic-v-dhs-media-monitoring/.

(15) 「サイバースペース」はウィリアム・ギブソン『クローム襲撃』(浅倉久志ほか訳、ハヤカワ文庫SF、1987年)に初めて登場し、もっと完全には『ニューロマンサー』(黒丸尚訳、ハヤカワ文庫SF、1986年)に登場する。W. Gibson, 'Burning Chrome', *Omni*, July 1982, *Neuromancer*(New York: Ace, 1984).

(16) P. Edwards, *Closed Worlds: Computers and the Politics of Discourse in Cold War America*(Cambridge, MA: MIT Press, 1996). P・N・エドワーズ『クローズド・ワールド——コンピュータとアメリカの軍事戦略』(深谷庄一監訳、日本評論社、2003年)。

(17) N. Wiener, 'The machine as threat and promise'(1953), in N. Wiener, *Collected Works and Commentaries*, ed. P. Masani(Cambridge, MA: MIT Press, 1985), vol. 4, pp. 673–8.

(18) 例にはマーシャル・マクルーハンと彼の教師であるハロルド・アダムス・イニスが含まれる。

(19) S. Gerovitch, 'The cybernetics scare and the origins of the internet', *Baltic Worlds* 11. 1(2010): 32–8, at http://balticworlds.com/ the-cybernetics-scare-and-the-origins-of-the-internet/.

(20) これは1960年代のジャック・エリュールの著作の大きな特徴だった。例えば、*The Technological Society*(New York: Vintage, 1967). ジャック・エリュール『エリュール著作集1 技術社会 上』(島尾永康・竹岡敬温訳、すぐ書房、1975年)、同『エリュール著作集2 技術社会 下』(鳥巣美知郎・倉橋重史訳、すぐ書房、1976年)。V. Mosco, *The Digital Sublime*(Cambridge, MA: MIT Press, 2004)の中では違った方法でこの考えが踏襲されている。

(21) B. Gellman and A. Soltani, 'NSA infiltrates links to Yahoo, Google data centers worldwide, Snowden documents say', *Washington Post*, 30 Oct. 2013, at http://www.washingtonpost.com/world/national-security/nsa-infiltrates-links-to-Yahoo-Google-data-centers-worldwide-Snowden-documents-say/2013/10/30/e51d661e-4166-11e3-8b74-d89d714ca4dd_story.html/.

(22) L. Austin, 'Lawful illegality: what Snowden has taught us about the legal infrastructure of the surveillance state', in M. Geist(ed.), *Law, Privacy and Surveillance in Canada in a Post-Snowden Era*(Ottawa: University of Ottawa Press, 2015).

(23) この点の神学的な議論に関しては次を参照。D. Lyon, 'Being post-secular in the social sciences: Taylor's social imaginaries', *New Blackfriars* 91 (2010): 648–62, esp. 51–2.

(24) Lyon, 'A sociology of information'.

(25) M. Castells, *The Information Age: Economy, Society and Culture*, vol. 1: *The Rise of the Network Society*(Oxford: Blackwell, 1996; 2nd edn 2000), vol. 2: *The Power of Identity*(Oxford: Blackwell, 1997; 2nd edn 2004), vol 3: *End of Millennium*(Oxford: Blackwell, 1998; 2nd edn 2000). マニュエル・カステル『都市・情報・グローバル経済』(大澤善信訳、青木書店、1999年)。

(26) M. Castells, *The Internet Galaxy*(Oxford: Oxford University Press, 2001), p. 170. マニュエル・カステル『インターネットの銀河系――ネット時代のビジネスと社会』(矢沢修次郎・小山花子訳、東信堂、2009年)。D. Trottier and D. Lyon, 'Key features of social media surveillance', in C. Fuchs, K. Boersma, A. Albrechtslund and M. Sandova(eds), *Internet and Surveillance: Challenges of Web 2.0 and Social Media*(London: Routledge, 2012)での議論を参照。

(27) M. Castells, *Communication Power*(Oxford: Oxford University Press, 2009), p. 55, cited in C. Fuchs, 'Critique of the political economy of Web 2.0 surveillance', in Fuchs et al., *Internet and Surveillance*.

(28) この種の情報権力の分析は、H. A. Innis, *The Bias of Communication* (Toronto: University of Toronto Press, 1962)に始まる。
(29) H. Menzies, 'Digital networks: the medium of communication, and the message', *Canadian Journal of Communication* 24.4 (1999), at http://www.cjc-online.ca/index.php/journal/article/view/1125/1033/.
(30) G. Coleman, *Hacker, Hoaxer, Whistleblower, Spy: The Many Faces of Anonymous* (London: Verso, 2014).
(31) S. Bok, *Secrets: The Ethics of Concealment and Revelation* (New York: Vintage, 1989). シセラ・ボク『秘密と公開』(大澤正道訳、法政大学出版局、1997年)。
(32) G. Greenwald, 'Cash, weapons and surveillance: the US is a key party to every Israeli attack', *The Intercept*, 4 Aug. 2014, at http://firstlook.org/theintercept/2014/08/04/cash-weapons-surveillance/.
(33) A. Clement, 'Canada's bad dream', *World Policy Journal* (Fall 2014), at http://www.worldpolicy.org/journal/fall2014/canada%27s-bad-dream/.
(34) G. Weston, G. Greenwald and R. Gallagher, 'New Snowden docs show U.S. spied during G20 in Toronto', *CBC News*, 1 Dec. 2013, at http://www.cbc.ca/news/politics/new-snowden-docs-show-u-s-spied-during-g20-in-toronto-1.2442448/.
(35) Clement, 'Canada's bad dream'.
(36) より詳細な分析は、Clement, 'Canada's bad dream' で手に入る。
(37) 例えば、R. Clarke, M. Morell, G. Stone, C. Sunstein and P. Swire, *The NSA Report: Liberty and Security in a Changing World* (Princeton: Princeton University Press, 2014).
(38) E. MacAskill, 'Independent commission to investigate future of internet after NSA revelations', *The Guardian*, 22 Jan. 2014, at http://www.theguardian.com/world/2014/jan/22/independent-commission-future-internet-nsa-revelations-davos/.
(39) L. Harding, 'Mass surveillance is fundamental threat to human rights, says European report', *The Guardian*, 26 Jan. 2015, at http://www/theguardian.com/world/2015/jan/26/mass-surveillance-threat-human-rights-council-europe.
(40) 例えば、C. J. Bennett, *The Privacy Advocates: Resisting the Spread of Surveillance* (Cambridge MA: MIT Press, 2008).
(41) Clarke et al., *The NSA Report*, pp. 24, 35.
(42) C. Savage and L. Poitras, 'How a court secretly evolved, extending US spies' reach', *New York Times*, 11 Mar. 2014, at http://www.nytimes.com/2014/03/12/us/how-a-courts-secret-evolution-extended-spies-reach.html?_r=0.

(43) E. Donahoe and M. L. Canineu, 'A year after Snowden, a watershed moment for internet freedom', *Globe and Mail*, 18 June 2014, at http://www.theglobeandmail.com/globe-debate/a-year-after-snowden-weve-reached-a-watershed-moment-for-web-freedom/article19215294/.
(44) T. Falchetta, 'Building the foundations: surveillance and the right to privacy at the UN in 2014', *Privacy International*, 18 Dec. 2014, at http://www.privacyinternational.org/?q=node/93.
(45) R. Deibert, *Black Code: Surveillance, Privacy and the Dark Side of the Internet* (Toronto: Signal, 2013).
(46) これについては、A. Dworkin, 'Surveillance, privacy and security: Europe's confused response to Snowden', European Council of Foreign Relations, 20 Jan. 2015, at http://www.ecfr.eu/publications/summary/mass_surveillance_privacy_and_security_europes_confused_response329/.

第3章 脅威のメタデータ

エピグラフ:「真実の瞬間」大会へのビデオリンクでのエドワード・スノーデン。スティルゲリアンの「スノーデンはついには無害なメタデータという神話を殺すことができるか」(*ZDNet*, 16 September 2014)で引用。http://www.zdnet.com/article/can-snowden-finally-kill-the-harmless-metadata-myth/

(1) Matt Blaze, University of Pennsylvania. 引用は以下より。J. Naughton, 'NSA surveillance: don't underestimate the extraordinary power of metadata', *The Guardian*, 21 June 2013, at http://www.theguardian.com/technology/2013/jun/21/nsa-surveillance-metadata-content-obama. The *Zeit Online* article, 'Tell-all telephone', with interactive display is at www.zeit.de/datenschutz/malte-spitz-data-retention.
(2) S. Ackerman, 'Roy Wyden: NSA review panel offers "substantial, meaningful reforms"', *The Guardian*, 19 Dec. 2013, at http://www.theguardian.com/world/2013/dec/18/nsa-review-panel-reform-ron-wyden/.
(3) P. Moskowitz, 'Report suggests NSA surveillance has not stopped terrorism', Al Jazeera America, 13 Jan. 2014, at http://america.aljazeera.com/articles/2014/1/13/review-finds-nsametadatacollectionhasntstoppedanattack.html/.
(4) S. Harris, 'Metadata may not catch many terrorists but it's great at busting journalists' sources', *Foreign Policy*, 24 Sept. 2013, at http://blog.foreignpolicy.com/posts/2013/09/24/metadata_may_not_catch_many_terrorists_but_its_great_at_ busting_journalists_sources/.
(5) Online video, with G. Greenwald, E. MacAskill and L. Poitras, 'Edward Snowden: the whistleblower behind the NSA surveillance revelations', *The*

Guardian, 11 June 2013, at http://www.theguardian.com/world/2013/jun/09/edward-snowden-nsa-whistleblower-surveillance.

(6) d. boyd and K. Crawford, 'Critical questions for big data: provocations for a cultural, technological, and scholarly phenomenon', *Information, Communication & Society* 15.5(2012): 662–79.

(7) C. Bennett, K. Haggerty, D. Lyon and V. Steeves(eds), *Transparent Lives: Surveillance in Canada*(also *Vivre à nu. La surveillance au Canada*) (Edmonton: Athabasca University Press, 2014) at http://www.aupress.ca/index.php/books/120237.

(8) K. Haggerty and R. Ericson, 'The surveillance assemblage', *British Journal of Sociology* 51.4(2000): 605–22.

(9) O. H. Gandy, Jr, *Coming to Terms with Chance: Engaging Rational Discrimination and Cumulative Disadvantage*(Burlington, VA: Ashgate, 2012), p. 125.

(10) 例えば、M. Andrejevic and K. Gates, 'Big data surveillance: introduction', *Surveillance & Society* 12.2(2014): 185–96.

(11) 引用は以下より。D. Storm, 'Snowden warns that UK's Tempora "snarfs" everything, even worse than NSA's PRISM', *Computerworld*, 8 July 2013, at http://www.computerworld.com/article/2473959/data-privacy/snowden-warns-tempora-surveillance-snarfs-everything-even-worse-than-nsa-s-prism.html/.

(12) J. Lanchester, 'The Snowden files: why the British public should be worried about GCHQ', *The Guardian*, 3 Oct. 2013, at http://www.theguardian.com/world/2013/oct/03/edward-snowden-files-john-lanchester.

(13) A. Rutkin, 'Just four credit card clues can identify anyone', *New Scientist*, 29 Jan. 2015, at http://www.newscientist.com/article/dn26879-just-four-credit-card-clues-can-identify-anyone.html#.VM_dJsboV7m.

(14) R. Kitchin, 'Thinking critically about and researching algorithms', Social Science Research Network, 28 Oct. 2014, at http://papers.ssrn.com/so13/papers.cfm?abstract_id=2515786, and F. Kraemer, K. van Overveld and M. Peterson, 'Is there an ethics of algorithms?', *Ethics of Information Technology* 13(2011): 251–60.

(15) 'Intelligence budget data', FAS(Federation of American Scientists), at http://www.fas.org/irp/budget/index.html?PHPSESSID1/470809 e6b347db7b2122df1ef24d743e0/.

(16) B. C. Newell, 'The massive metadata machine: liberty, power and secret mass surveillance in the U.S. and Europe', *I/S: A Journal of Law and Policy for the Information Society* 10.2(2014): 481–522.

(17) L. Payton, 'Spy agencies, prime minister's adviser defend Wi-Fi data

collection', *CBC News*, 3 Feb. 2014, at http://www.cbc.ca/news/politics/spy-agencies-prime-minister-s-adviser-defend-wi-fi-data-collection-1.2521166.

(18) C. Freeze, 'Canada's metadata collection worries critics', *Globe and Mail*, 27 Mar. 2014, at http://www.theglobalandmail.com/news/politics/canadas-metadata-collection-worries-critics/article17714407/.

(19) B. Schneier, 'CSEC analysis of IP and user data', 2014, at https://www.schneier.com/blog/archives/2014/02/csec_surveillan.html.

(20) B. Gellman and A. Soltani, 'NSA infiltrates links to Yahoo, Google data centers worldwide, Snowden documents say', *Washington Post*, 30 Oct. 2013, at http://www.washingtonpost.com/world/national-security/nsa-infiltrates-links-to-yahoo-google-data-centers-worldwide-snowden-documents-say/2013/10/30/e51d661e-4166-11e3-8b74-d89d714ca4dd_story.html.

(21) J. Podesta, 'Big data and the future of privacy', 23 Jan. 2014, at https://www.whitehouse.gov/blog/2014/01/23/big-data-and-future-privacy.

(22) M. Savage, 'Digital fields, networks and capital: sociology beyond structures and fluids', in K. Orton-Johnson and N. Prior (eds), *Digital Sociology: Critical Perspectives* (Basingstoke, UK: Palgrave Macmillan, 2013), pp. 139–50.

(23) J. van Dijck, 'Datafication, dataism and dataveillance: Big Data between scientific paradigm and ideology', *Surveillance & Society* 12.2 (2014), at http://library.queensu.ca/ojs/index.php/surveillance-and-society/article/view/datafication.

(24) R. Clarke, 'Information technology and dataveillance', *Communications of the ACM* 31.5 (1988): 498–512, and 'Dataveillance-15 years on', 2003, at http://www.rogerclarke.com/DV/DVNZ03.html#DT.

(25) J. Bertolucci, 'Big data's new buzzword: datafication', *Information Week*, 25 Feb. 2013, at http://www.informationweek.com/big-data/big-data-analytics/big-datas-new-buzzword-datafication/d/d-id/1108797.

(26) K. S. Bankston and A. Soltani, 'Tiny constables and the cost of surveillance: making cents out of *United States v. Jones*', *Yale Law Journal* 123 (9 Jan. 2014), at http://www.yalelawjournal.org/forum/tiny-constables-and-the-cost-of-surveillance-making-cents-out-of-united-states-v-jones.

(27) I. Kerr and J. Earle, 'Prediction, preemption, presumption: how big data threatens big picture privacy', *Stanford Law Review Online* 66 (3 Sept. 2013), at http://www.stanfordlawreview.org/online/privacy-and-big-data/prediction-preemption-presumption.

(28) R. Kitchin, 'The real-time city? Big data and smart urbanism', *GeoJournal* 79 (2014): 1–14, and R. Kitchin, *The Data Revolution: Big Data, Open Data, Data Infrastructures and Their Consequences* (London: Sage, 2014).

(29) D. Trottier, *Social Media as Surveillance: Rethinking Visibility in a Converging World*(London: Ashgate, 2012).
(30) L. A. Amoore, 'Data derivatives: on the emergence of a security risk calculus for our times', *Theory, Culture & Society* 28(2011): 24–43.
(31) M. Savage and R. Burrows, 'The coming crisis of empirical sociology', *Sociology* 44.5(2007): 885–99.
(32) M. J. Glennon, 'National security and double government', *Harvard National Security Journal* 5.1(2014): 1–113.
(33) E. Ruppert, 'The governmental topologies of database devices', *Theory, Culture & Society* 29.4–5(2012): 116–36, at 118.
(34) 例えば、D. Lyon, *Surveillance Society: Monitoring Everyday Life*(Buckingham, UK: Open University Press, 2001).
(35) 例えば、E. Larsen, *The Naked Consumer*(New York: Penguin, 1994).
(36) N. Green and S. Smith, 'A spy in your pocket', *Surveillance & Society* 1.4(2004): 573–87.
(37) A Mattelart and A. Vitalis, *Le profilage des populations. Du livret ouvrier au cybercontrôle*(Paris: La Découverte, 2014).
(38) D. Bigo, 'Diagonal mass surveillance: Gulliver against the Lilliputians', OpenDemocracy, 5 Mar. 2014, at https://www.opendemocracy.net/can-europe-make-it/didier-bigo/diagonal-mass-surveillance-gulliver-versus-lilliputians/.
(39) D. Citron, 'Technological due process', *Washington University Law Review* 85.6(2008): 1249–313, at http://openscholarship.wustl.edu/cgi/viewcontent.cgi?article=1166&context=law_lawreview.
(40) Citron, 'Technological due process'. 新しい「合法アクセス」権力が(例えば、2015年のカナダにおいて)増大するにつれ、公式の報告と個人への通告がないこと、また変更を生み出すことに対して責任を持つ者に課される箝口令は、プライバシー専門の法律家や学者の間に警戒を引き起こす原因になる可能性がある。
(41) G. Genosko, 'Tense theory: the temporalities of surveillance', in D. Lyon (ed.), *Theorizing Surveillance*(Cullompton, UK: Willan, 2006).
(42) U. Franklin, *The Real World of Technology*(Toronto: Anansi, 1990), p. 41.
(43) Kerr and Earle, 'Prediction, preemption, presumption'.
(44) A. Regalado, 'The data made me do it', *Technology Review*, 3 May 2013, at http://www.technologyreview.com/news/514346/the-data-made-me-do-it/.
(45) D. Butler, 'When Google got flu wrong', *Nature* 494.7436(2013): 155–6, at http://www.nature.com/news/when-google-got-flu-wrong-1.12413/.

(46) M. De Goede, 'The Politics of privacy in the age of preemptive security', *International Political Sociology* 8.1 (2014): 101–4.

(47) L. Amoore, 'Security and the incalculable', *Security Dialogue* 45.5 (2014): 423–39.

(48) Amoore, 'Security and the incalculable'.

(49) S. Gallagher, 'What the NSA can do with "big data"', Ars Electoronica, 11 June 2013, at http://arstechnica.com/information-technology/2013/06/what-the-nsa-can-do-with-big-data/.

(50) https://nsa.gov1.info/utah-data-center/.

(51) 初期の議論としては、T. B. Lee, 'Here's everything we know about PRISM to date', *Washington Post*, 12 June 2013, at http://www.washington-post.com/blogs/wonkblog/wp/2013/06/12/heres-everything-we-know-about-prism-to-date/.

(52) 例えば、J. Turow, *The Daily You: How the New Advertising Industry Is Defining Your Identity and Your Worth* (New Haven: Yale University Press, 2012); O. Gandy, *Coming to Terms with Chance: Engaging Rational Discrimination and Cumulative Disadvantage* (London: Ashgate, 2013).

(53) L. Gitelman (ed.), *"Raw Data" Is an Oxymoron* (Cambridge, MA: MIT Press, 2013).

(54) G. Bowker, 'Data flakes', in Gitelman, *"Raw Data" Is an Oxymoron.*

第4章 ぐらつくプライバシー

エピグラフ：エドワード・スノーデンの発言。2014.3 TED, at http://www.ted.com/talks/edward_snowden_here_s_how_we_take_back_the_internet/.

(1) G. Greenwald and M. Hussain, 'Under surveillance: meet the Muslim-American leaders the FBI and NSA have been spying on', *The Intercept*, 7 Sept. 2014, at https://fi rstlook.org/the intercept/article/2014/07/09/under-surveillance/.

(2) S. Ackerman, 'FBI teaches agents: "mainstream" Muslims are "violent, radical"', *Wired*, 14 Sept. 2011, at http://www.wired.com/2011/09/fbi-mus lims-radical/.

(3) D. Rushe, 'Edward Snowden calls for greater online privacy in Reset the Net campaign', *The Guardian*, 5 June 2014, and Edward Snowden's address via satellite to Personal Democracy Forum conference, New York.

(4) E. Zureik, 'The cross-cultural study of privacy', in E.Zureik, L. L. Harling Stalker, E. Smith, D. Lyon and Y. E. Chan (eds), *Surveillance, Privacy and the Globalization of Personal Information* (Montreal and Kingston: McGill-Queen's University Press, 2010), p. 10.

(5) 'The right to privacy in the digital age', at http://www.ohchr.org/EN/

Issues/DigitalAge/Pages/DigitalAgeIndex.aspx.

(6) D. Lyon, *Surveillance after September 11* (Cambridge: Polity, 2003). 前掲『9・11 以後の監視』。

(7) 例えば、ジャック・エリュールがこれについて1960年代にコメントした。しかし、彼のような警告は、一般的に顧みられない。J. Ellul,*The Technological Society* (New York: Vintage, 1967). 前掲『エリュール著作集』。

(8) D. Campbell and S. Connor, *On the Record: Surveillance, Computers and Privacy* (London: Michael Joseph, 1986); and G. T. Marx, *Undercover: Police Surveillance in America* (Berkeley: University of California Press, 1988).

(9) K. Haggerty and R. Ericson, *Policing the Risk Society* (Toronto: University of Toronto Press, 1997).

(10) D. E. Sanger and M. Apuzzo, 'Offi cials defend N.S.A. after new privacy details are reported', *New York Times*, 6 July 2014, at http://www.nytimes.com/2014/07/07/us/officials-defend-nsa-after-new-privacy-details-are-reported.html?emc=edit_th_20140707&nl=todaysheadlines&nlid=55961761&_r=0/.

(11) G. Greenwald, *No Place to Hide: Edward Snowden, the NSA, and the US Surveillance State* (New York: Metropolitan Booksand Toronto: Signal, 2014), pp. 171–2.

(12) B. Gellman and A. Soltani, 'NSA surveillance program reaches "into the past" to retrieve, replay phone calls', *Washington Post*, 18 Mar. 2014, at http://www.washingtonpost.com/world/national-security/nsa-surveillance-program-reaches-into-the-past-to-retrieve-replay-phone-calls/2014/03/18/226d2646-ade9-11e3-a49e-76adc9210f19_story.html.

(13) Spiegel staff, 'Inside TAO: documents reveal top NSA hacking unit', *Spiegel Online*, 29 Dec. 2013, at http://www.spiegel.de/international/world/the-nsa-uses-powerful-toolbox-in-effort-to-spy-on-global-networks-a-940969.html.

(14) CIGI-Ipsos, 'CIGI-Ipsos global survey on internet security and trust', Center for International Governance Innovation(CIGI)and Ipsos, 2014, at https://www.cigionline.org/internet-survey.

(15) より深い議論が繰り返され、参考になる。C. Bennett, 'In defence of privacy: the concept and the regime', *Surveillance & Society* 8.4(2011): 485–96, at http://library.queensu.ca/ojs/index.php/surveillance-and-society/article/view/4184/4186/.

(16) H. Nissenbaum, *Privacy in Context: Technology, Policy and the Integrity of Social Life* (Stanford: Stanford Law Books, 2009).

(17) V. Steeves, *Young Canadians in a Wired World, Phase III: Online Privacy, Online Publicity*. Ottawa: MediaSmarts, 2014, at http://mediasmarts.

ca/sites/mediasmarts/files/pdfs/publication-report/full/YCWWIII_Online_Privacy_Online_Publicity FullReport.pdf/.

(18) J. Cohen, *Confi guring the Networked Self: Law, Code, and the Play of Everyday Practice* (New Haven: Yale University Press, 2012).

(19) Bennett, 'In defence of privacy', p. 5.

(20) 人間の基本としての「関係性」という考え方は、いくつかの哲学的、宗教的伝統の中に見られる。それはキリスト教の伝統の中心であり、例えば、特に三位一体の教えにおいて、神は一体のものと見なされる。人間存在が「神の創造(imago dei)」であるなら、平等な美点を備えた特徴も共有される。

(21) C. Fieschi, 'The social value of privacy', in C. Edwards and C. Fieschi (eds), *UK Confi dential* (London: Demos, 2008), at http://www.demos.co.uk/fi les/UK%20confi dential%20-%20web.pdf.

(22) これは、Z. Bauman と D. Lyon によって議論された。Z. Bauman and D. Lyon, *Liquid Surveillance*(Cambridge: Polity, 2013), pp. 26–34.

(23) 例えば、Cohen, *Confi guring the Networked Self*.

(24) V. Steeves, 'Reclaiming the social value of privacy', in I. Kerr, C. Lucock and V. Steeves(eds), *Lessons from the Identity Trail: Anonymity, Privacy and Identity in a Networked Age* (Oxford: Oxford University Press, 2009).

(25) 私は特に Bennett, 'In defence of Privacy' について考える。

(26) J. Ball, 'GCHQ captured emails of journalists from top international media', *The Guardian*, 19 Jan. 2015, at http://www.theguardian.com/uk-news/2015/jan/19/gchq-intercepted-emails-journalists-ny-times-bbc-guardian-le-monde-reuters-nbc-washington-post?CMP=EMCNEWEML6619I2.

(27) Ball, 'GCHQ captured emails of journalists'.

(28) R. A. Clarke, M. J. Morell, G. R. Stone, C. R. Sunstein and P. Swire, *The NSA Report: Liberty and Security in a Changing World* (Princeton: Princeton University Press, 2014). 同書は、Glenn Greenwald's *No Place to Hide* とともに、下記で書評した。D. Lyon, 'Big brother is listening to you: for your own good ofcourse', *Books & Culture*, Nov.-Dec. 2014.

(29) Clarke et al., *The NSA Report*, p. xviii.

(30) 'Zeid appeals to Saudi Arabia to stop fl ogging of blogger', United Nations Human Rights, 15 Jan. 2015, at http://www.ohchr.org/FR/NewsEvents/Pages/DisplayNews.aspx?NewsID=15485&LangID=E.

(31) 例えば、次の業績がある。O. Gandy, *Coming to Terms with Chance: Engaging Rational Discrimination and Cumulative Disadvantage* (Farnham, UK: Ashgate, 2009).

(32) K. Milberry and A. Clement, 'Policing as spectacle and the politics of surveillance at the Toronto G20', in M. Beare, N. des Rosiers and A. C. Deshman(eds), *Putting the State on Trial*(Vancouver: UBC Press, 2015).

(33) 例えば、TVO journalist and TV host Steve Paikin. R. Brennan, 'Toronto journalist witnessed "police brutality" at Toronto G20', Thestar.com, 6 Dec. 2010, at http://www.thestar.com/news/gta/g20/2010/12/06/toronto_journalist_witnessed police_brutality_at_toronto_g20.html/.

(34) 例えば、E. Stoddart, *Theological Perspectives on a Surveillance Society* (London: Ashgate, 2012), p. 51.

(35) Editorial board, 'Edward Snowden: whistle-blower', *New York Times*, 1 Jan. 2014, at http://www.nytimes.com/2014/01/02/opinion/edward-snowden-whistle-blower.html?_r=0/.

(36) Pen American Center, *Chilling Effects: NSA Surveillance Drives Writers to Self-Censor*, research by the FDR Group, PEN International, 12 Nov. 2013, at http://www.pen-international.org/read-pen-american-centres-report-chilling-effects-nsa-surveillance-drives-writers-to-self-censor/. PEN is a writers'organization, founded in the UK in 1926 to defend freedom of expression.

(37) K. Hampton, L. Rainie, W. Lu, M. Dwyer, I. Shin and K. Purcell, *Social Media and the 'Spiral of Silence'*, Pew Research Internet Project, 26 Aug. 2014, at http://www.pewinternet.org/2014/08/26/social-media-and-the-spiral-of-silence/#fn-11806-1/.

(38) H. Arendt, *Totalitarianism: Part Three of The Origins of Totalitarianism* (New York: Harcourt, Brace & World, 1968), p. 124. ハナ・アーレント『全体主義の起原 3』(大久保和郎・大島かおり訳、みすず書房、1974年)。

(39) D. Priest and W. M. Arkin, 'Top secret America: a *Washington Post* investigation', *Washington Post*, 10 Sept. 2010, at http://projects.washingtonpost.com/top-secret-america/.

(40) H. Arendt, *Eichmann in Jerusalem: A Report on the Banality of Evil* (New York: Viking, 1963). ハンナ・アーレント『イェルサレムのアイヒマン――悪の陳腐さについての報告』(大久保和郎訳、みすず書房、1969年)。

(41) J. Ranciere, 'Democracy, republic, representation', *Constellations* 13.3 (2006): 297–307; cited in A. M. Brighenti, *Visibility in Social Theory and Social Research* (London: Palgrave Macmillan, 2010), p. 184.

(42) K. D. Haggerty and M. Samatas (eds), *Surveillance and Democracy* (London: Routledge, 2010).

(43) 例えば、S. Wolin, *Democracy Incorporated: Managed Democracy and the Specter of Inverted Totalitarianism* (Princeton: Princeton University Press, 2010).

(44) K. Breckenridge and S. Szreter (eds), *Registration and Recognition: Documenting the Person in World History* (Oxford: Oxford University Press, 2012).

(45)　E. Pariser, *The Filter Bubble: What the Internet Is Hiding from You* (New York: Penguin, 2011). イーライ・パリサー『閉じこもるインターネット――グーグル・パーソナライズ・民主主義』(井口耕二訳、早川書房、2012年)。

(46)　アガンベンは、これについてフランソワ・ケネー(1694–1774)に遡っている。ケネーは、特に飢饉における政府の理論の中心的意向としての市民の安全や体制側の安寧(sureté)に対する絶対君主の配慮の先を行く戦略を発想した。ケネー以前の戦略は、公共の穀倉を作り穀物の輸出を禁ずることで前もって飢饉を防ぐことであった。しかし、これは生産にはマイナスに働いた。ケネーの解決法は、政策の逆転であった。飢饉を起こさせ、その結果を統御するのである。アガンベンのアテネにおける2013年11月16日の講義。at http://www.chronosmag.eu/index.php/g-agamben-for-a-theory-of-destituent-power.html.

(47)　L. Zedner, *Security* (London: Routledge, 2009), p. 11.

(48)　Zedner, *Security*, p. 12.

(49)　Clarke et al., *The NSA Report*.

(50)　Clarke et al., *The NSA Report*, p. xvii.

(51)　例えば、D. Solove, *Nothing to Hide: The False Tradeoff between Privacy and Security* (New Haven: Yale University Press, 2012).

(52)　D. Garland, *The Culture of Control: Crime and Social Order in Contemporary Society* (Chicago: University of Chicago Press, 2002).

第5章　将来の再構築

エピグラフ：Alan Rusbridger と Ewen MacAskill によるインタビュー。「エドワード・スノーデンインタビュー　編集版」'Edward Snowden interview-the edited transcript', *The Guardian*, 18 July 2014, at http://www.theguardian.com/world/2014/jul/18/-sp-edward-snowden-nsa-whistleblower-interview-transcript/.

(1)　'Edward Snowden delivers Channel 4's alternative Christmas message', news release, 4 Press, 24 Dec. 2013, at http://www.channel4.com/info/press/news/edward-snowden-delivers-channel-4s-alternative-christmas-message/.

(2)　M. Schoenhals, *Spying for the People: Mao's Secret Agents 1949–1965* (Cambridge: Cambridge University Press, 2013).

(3)　G. Lovell, 'The archive that never was: state terror and historical memory in Guatemala', *Geographical Review* 103.2 (2013): 199–209.

(4)　A. Dorfman, 'Repression by any other name', *Guernica*, 3 Feb. 2014, at https://www.guernicamag.com/features/repression-by-any-other-name/.

(5)　International Civil Liberties Monitoring Group, *Report of the Information Clearinghouse on Border Controls and Infringements to Travellers'*

Rights, Ottawa, 2010, at http://www.travelwatchlist.ca/updir/travelwatchlist/ICLMG_Watchlists_Report.pdf.

(6) D. Mosbergen, 'George Orwell's "1984" book sales skyrocket in wake of NSA surveillance scandal', *Huffi ngton Post*, 11 June 2013, at http://www.huffi ngtonpost.com/2013/06/11/orwell-1984-sales_n_3423185.html/.

(7) D. Solove, *The Digital Person: Technology and Privacy in the Information Age* (New York: New York University Press, 2004), ch. 3.

(8) D. Eggers, *The Circle* (New York: Vintage, 2013). デイヴ・エガーズ『ザ・サークル』(吉田恭子訳、早川書房、2014年)。

(9) D. Lyon, paper given at Surveillance Studies Network conference, Barcelona, 2014.

(10) 「プライバシーとセキュリティのバランスを見出すこと」というフレーズは、政府によっていつも単調に唱えられているし、メディアでも同じだ。しかし、これは良くて空虚、最悪なのは一方が他方を強めることを邪魔するために覆い隠すものであることだ。

(11) プライバシーの「本来備わっている戦略的価値」の重要性を考えることの必要性。それは、私的生活と公的生活を区別するもので、社会的、政治的権利の行使を可能にする。例えば、政治学者である Charles Raab の以下を参照。'Privacy as a security value', in D. W. Schartum, L. Bygrave and A. G. B. Bekken(eds), *Jon Bing: En Hyllest / A Tribute* (Oslo: Gyldendal, 2014), pp. 39–58.

(12) 例えば、D. Broeders, 'The public core of the internet: an international agenda for internet governance', WRR-Policy Brief no. 2, WRR(The Netherlands Scientifi c Council for Government Policy), The Hague, April 2015.

(13) 監視に関する倫理的問題を扱う学術雑誌、例えば、*Ethics and Information Technology* (Springer) and *Journal of Information, Communication, and Ethics in Society*(Emerald).

(14) K. Ball and L. Snider(eds), *The Surveillance-Industrial Complex: Towards a Political Economy of Surveillance* (London: Routledge, 2014).

(15) A. Narayanan and S. Vallor, 'Why software engineering courses should include ethics coverage', *Communications of the ACM* 57.3(2014): 23–5.

(16) J. Ginsberg et al., 'Detecting infl uenza epidemics using search engine query data', *Nature* 457(2009): 1012–14, at http://www.nature.com/nature/journal/v457/n7232/full/nature07634.html; D. Lazer, R. Kennedy, G. King and A. Vespignani,'The parable of Google fl u: traps in big data analysis', *Science* 343.6176(2014): 1203–5, at http://www.sciencemag.org/content/343/6176/1203.

(17) もちろん、実際に偏在的で継続的な適用範囲を作り出すことはオーウェルの時代と同様、今日でもありそうにない。しかし、NSA の実態の暴露が

示すことは、常に付きまとう監視の可能性があるということだ。不確かさは恐れを助長し、盲従をもたらす。まるで人々を配慮するかに見えるシステムは、「テロリズムに対する安全のため」というが、実際には不確かさと恐れを通したコントロールである。

(18) 'George Orwell under the watchful eye of Big Brother', Freedom of Information release, National Archives, at http://www.nationalarchives.gov.uk/releases/2005/highlights_july/july19/default.htm.

(19) R. Williams, *Orwell* (London: Fontana, 1971), p. 78.

(20) K. Nursall, 'Canadian authors join world-wide condemnation of mass surveillance', *Toronto Star*, 12 Dec. 2013, at http://www.thestar.com/entertainment/2013/12/10/canadian_authors join_worldwide_condemnation_of_mass_surveillance.html.

(21) 例えば、Bennett, *The Privacy Advocates: Resisting the Spread of Surveillance* (Cambridge MA: MIT Press, 2008).

(22) D. Lyon, 'Surveillance, Snowden and big data: capacities, consequences, critique', *Big Data & Society* 1.1(2014), at http://bds.sagepub.com/content/1/2/2053951714541861.abstract/.

(23) R. Levitas, *Utopia as Method: The Imaginary Reconstitution of Society* (London: Palgrave Macmillan, 2013), p. xi.

(24) N. Wolterstorff, *Journey toward Justice: Personal Encounters in the Global South* (Grand Rapids, MI: Baker Academic, 2013), p. 48.

(25) この語は、Eric Stoddart の *Theological Perspectives on a Surveillance Society* (London: Ashgate, 2012)からである。Nicholas Wolterstorff も無私の愛を「配慮」と見なす(*Journey toward Justice*, p110)。このような愛は、他者の幸福への関心と同時に彼・彼女の価値ゆえのその者への尊重に示される。その通りだと Wolterstorff は言い、これら二つ、つまり幸福と価値(あるいは尊厳)の混合であることを示す。これは「○○への配慮」としての愛と正義との関係も示す。正義を求めることは愛を示すことだ。監視実践に関してそのような配慮の側面を探求することは、関係性の倫理基準から注意を逸らし今日の強い監視状態を特徴付ける一種の人工頭脳工学的マネージメントコントロールの効果を減殺することの効果的な出発点になるだろう。

(26) Q. Hardy, 'They have seen the future of the internet, and it is dark', Bits, 5 July 2014, at http://bits.blogs.nytimes.com/2014/07/05/they-have-seen-the-future-of-the-internet-and-it-is-dark/?_php=true&_type=blogs&emc=edit_th_20140706&nl=todaysheadlines&nlid=55961761&_r=0.

(27) L. Amoore, 'Security and the incalculable', *Security Dialogue* 45.5 (2014): 423–39; Stoddart, *Theological Perspectives on a Surveillance Society*.

(28) D. Lyon, *Surveillance Studies: An Overview* (Cambridge: Polity, 2007). 前掲『監視スタディーズ』。L. Zedner, *Security* (London: Routledge, 2009),

p. 80.

(29) 消費者監視で対応するものは、私が「カテゴリーが作る誘惑」と呼ぶものだ。Lyon, Surveillance Studies.

(30) Zedner, *Security*.

(31) R. Raley 'Dataveillance and countervailance', in L. Gitelman (ed.), *"Raw Data" Is an Oxymoron* (Cambridge, MA: MIT Press, 2013), p. 128.

(32) V. Meyer-Schoenberger, *Delete: The Virtue of Forgetting in the Digital Age* (Princeton: Princeton University Press, 2010).

(33) 'Canadians' mental-health info routinely shared with FBI,U.S. Customs', *CBC News*, 14 Apr. 2014, at http://www.cbc.ca/news/canada/windsor/canadians-mental-health-info-routinely-shared-with-fbi-u-s-customs-1.2609159.

(34) Narayanan and Vallor, 'Why software engineering courses should include ethics coverage'.

(35) C. Taylor, *A Secular Age* (Cambridge, MA: Harvard University Press, 2007), p. 161.

(36) A. Sayer, *Why Things Matter to People: Social Science, Values and Ethical Life* (Cambridge: Cambridge University Press, 2011).

(37) スノーデンの力点は選択肢が用意されている必要性にある。そこが強調されるならば、「管理」や「自由」のような用語の相反性やインターネットの構造そのものに両方があるという事実を彼が認識しているか、と私は疑う。

(38) 私を鼓舞するヴィジョンは「再構成」を不可欠なものと見なす。例えば、監視ソフトウェアにおける技術的統御に対し個人の自己決定のような「プライバシー」の価値を対抗させることは不適切だ。原則として、個人的自由への望みと技術システム改善の自由の双方は、称賛に値しなくとも、倫理的に許容可能と見なされるだろう。これが平穏な関係性においてより広い文脈が必要な理由だ。それは全ての人々によって享受される公正さの成果を求めるものである。このことは理論的に N. Wolterstorff, Until Justice and Peace Embrace (Grand Rapids, MI: Eerdmans, 1983), pp. 69–72 で説明されている。

(39) 実践的な方針事項に関する特定の組織の情報は、プライバシー・情報についての委員会、市民的自由についての協会、その他の機関を通じて見つけられるだろう。いくつかは以下参照。C. Bennett et al., *Transparent Lives: Surveillance in Canada* (also *Vivre a nu. La surveillance au Canada*) (Edmonton: Athabasca University Press, 2014).

(40) 大量監視に対抗する連携は、スノーデンによる暴露が始まって以降、いくつかの協調した世界的イベントでなされてきた。例えば、Y. Welinder, 'Global action against mass surveillance on the anniversary of the Snowden revelations', Wikimedia blog, 5 June 2014, at https://blog.wikimedia.org/2014/06/05/global-action-against-mass-surveillance-snowden-revelations/. しかし、「透明性」の問題は、諜報機関内の合法ではあるが法による制限を

受ける機密の必要性と緊張関係にある。研究は、効果的に、この難問に影響を及ぼすようになるだろう。

デイヴィッド・ライアン(David Lyon)
カナダ・クィーンズ大学監視研究センター所長．邦訳書に，『監視社会』『膨張する監視社会』(青土社)，『9.11以後の監視』(明石書店)など．

田島泰彦
上智大学文学部新聞学科教授．専門は憲法，メディア法．著書に『人権か表現の自由か』(日本評論社)，共編著に『秘密保護法 何が問題か』，共訳に『監視スタディーズ』(以上，岩波書店)など．

大塚一美
山梨学院大学法学部等非常勤講師．専門は情報法，メディア倫理法制．共著に『レクチャー情報法』(法律文化社)，『表現の自由とメディア』(日本評論社)など．

新津久美子
法学修士(英国エセックス大学大学院)，学術修士(東京大学大学院)．専門は国際人権法．共著に『拷問等禁止条約をめぐる世界と日本の人権』(明石書店)など．

スノーデン・ショック——民主主義にひそむ監視の脅威
デイヴィッド・ライアン

2016年4月5日　第1刷発行
2016年8月15日　第2刷発行

訳 者　田島泰彦(たじまやすひこ)　大塚一美(おおつかかずみ)　新津久美子(にいつくみこ)

発行者　岡本 厚

発行所　株式会社 岩波書店
〒101-8002 東京都千代田区一ツ橋 2-5-5
電話案内 03-5210-4000
http://www.iwanami.co.jp/

印刷・理想社　カバー・半七印刷　製本・三水舎

ISBN 978-4-00-001084-9　Printed in Japan